Pygame

Iníciese en el desarrollo de videojuegos en Python

ISBN: 978-2-409-04193-8
Edición original: 978-2-409-03907-2

Ediciones ENI
P° Ferrocarriles Catalanes, 97-117, 2a pl. of. 18
08940 Cornellá de Llobregat (Barcelona)

Tel: 934 246 401
Fax: 934 231 576

e-mail : info@ediciones-eni.com
http://www.ediciones-eni.com

Autor: Benoît PRIEUR
Edición española: Angel Mª SÁNCHEZ CONEJO
Colección **La Fábrica** dirigida por Émilie VILLETORTE

Para poder acceder durante un año a la versión online de este libro, envíenos su justificante de compra a

librodigital@ediciones-eni.com

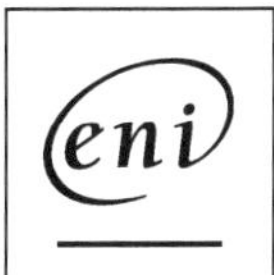

Prólogo

Tras la publicación de la primera edición de este libro dedicada a Pygame en 2019, recibí una gran cantidad de mensajes entusiastas de los lectores. En una discusión posterior con estos lectores, me di cuenta de que muchas personas que empezaban en el aprendizaje del lenguaje Python consultaron y utilizaron el libro. Parece que Pygame se utiliza de manera regular como una herramienta de enseñanza para aprender el lenguaje Python. Esto no es sorprendente porque por su naturaleza, las primeras aplicaciones desarrolladas son lúdicas, lo que provoca que se vean bajo un prisma del tipo "aprender divirtiéndose".

Si consideramos los conceptos más avanzados de Pygame, es decir, el uso de sprites y grupos de sprites, dentro del marco de la gestión de colisiones de un videojuego, en realidad estos aspectos forman un excelente campo de aprendizaje para todo lo relacionado con la programación orientada a objetos (POO). A primera vista, estos aspectos pueden ser complicados de entender, aprender y sobre todo de aplicar a partir de una hoja de papel en blanco. Sin embargo, en cuanto se utilizan sus herramientas de gestión de colisiones, el diseño de un videojuego con Pygame permite un aprendizaje fluido y sencillo de los aspectos relativos a la programación orientada a objetos.

Por esta razón, esta segunda edición comienza con dos capítulos dedicados al lenguaje Python, que se podrían resumir como "lo esencial del lenguaje Python" y, de manera ideal, puede acompañar a un aprendizaje de Python utilizando, por supuesto, otros recursos posibles. Por lo tanto, esta segunda edición cumple mejor el siguiente objetivo doble: proporcionar un recurso relevante para aquellos que aprenden Python a través de Pygame y, al mismo tiempo, proporcionar un recurso relevante para aquellas personas que conocen Python y desean descubrir Pygame de manera específica, en cuyo caso no será necesaria la lectura de los dos primeros capítulos.

Pygame ha evolucionado desde 2019, momento en el que la librería estaba en la versión 1.9. Desde entonces, Pygame ha alcanzado la versión 2.0 en diciembre de 2020. A partir de diciembre de 2022, Pygame está en la versión 2.1. Con la versión 2 hay pocos cambios importantes pero, aun así, hay una serie de soportes adicionales especialmente relacionados con la visualización 2D (SDL) y 3D (OpenGL). También se ha añadido una funcionalidad interesante con los cuadros de mensaje "MessageBox" (OK, Cancel), que permite a Pygame iniciarse tímidamente en las funcionalidades específicas del desarrollo de interfaces de usuario (GUI), que aún hoy en día se delegan a soluciones como Tkinter o PyQt. Las traducciones de la documentación en línea se han enriquecido aún más y también se puede acceder a los ejemplos desde la línea de comandos.

Por lo tanto, esta segunda edición retoma punto por punto los aspectos fundamentales de Pygame, a saber, los aspectos gráficos relacionados con el diseño, los relacionados con la animación sonora y, por supuesto, la gestión de colisiones con sprites. Para terminar, espero que esta segunda edición sea tan útil como la primera, como parecen indicar los diversos comentarios de los lectores. Finalmente, le deseo que la lectura le genere tanto placer e interés como los que experimenté yo al escribirlo.

Podrá descargar algunos elementos de este libro en la página web de Ediciones ENI: http://www.ediciones-eni.com.
Escriba la referencia ENI del libro **LFT2PYG** en la zona de búsqueda y valide. Haga clic en el título y después en el botón de descarga.

Capítulo 1
Aspectos fundamentales del lenguaje Python

Capítulo 2
Nociones avanzadas del lenguaje Python

Capítulo 3
Conceptos del videojuego y primeros pasos con Pygame

Capítulo 4
Estructura de un juego Pygame

Capítulo 5
Diseño y grafismo en todos sus estados con Pygame

Capítulo 6
Añadir sonidos a un juego Pygame

Capítulo 7
Sprites con Pygame

Capítulo 8
Llegar más lejos con el módulo Sprite, ejemplos aplicados

Capítulo 9
Trabajar en 3D con Pygame

Capítulo 10
Principales módulos de Pygame

Capítulo 11
Módulos secundarios de Pygame

Capítulo 1

Aspectos fundamentales del lenguaje Python

1. Introducción

Como se menciona en el prólogo de la actual segunda edición de este libro dedicado a Pygame, es muy frecuente que Pygame acompañe al aprendizaje del lenguaje Python, tanto sobre los conceptos básicos que vamos a ver en este capítulo, como sobre nociones más avanzadas que veremos en el siguiente, donde se discuten nociones como la programación orientada a objetos, el uso de un entorno virtual o las recomendaciones para escribir código Python, que encontramos en la PEP 8.

Por lo tanto, va a entrar en el mundo del aprendizaje de Python, empezando con algunas características y definiciones relativas a este lenguaje.

2. Características del lenguaje Python

2.1 Lenguaje interpretado

Una de las primeras características del lenguaje Python es que es interpretado, es decir, no es uno de los lenguajes cuyo código se compila (como C++ o Rust) para obtener un archivo binario. Python es un lenguaje de scripting, interpretado línea por línea por el intérprete de Python, al igual que JavaScript, por ejemplo.

2.2 Tipado dinámico fuerte

Se dice que Python es un lenguaje de tipado fuerte, es decir, el intérprete infiere tipos sobre la marcha. Esto garantiza que los tipos de datos se corresponden rigurosamente con los datos que se manipulan.

2.3 Multi-paradigma

El lenguaje Python se dice que es multiparadigma porque implementa diferentes paradigmas de programación. Es un lenguaje imperativo (procedimental) y orientado a objetos. Este aspecto se desarrolla en el siguiente capítulo dedicado a las características avanzadas de Python.

2.4 Licencia gratuita

El lenguaje Python tiene una licencia libre *Python Software Foundation License*, que se considera muy parecida a la licencia libre BSD. A continuación, se describe brevemente qué es una licencia libre aplicada al software:

El software libre ofrece cuatro libertades fundamentales principales:

- La libertad de usar el software.
- La libertad de estudiar el software.
- La libertad de copiar el software.
- La libertad de modificar el software y redistribuir las versiones modificadas.

Por lo tanto, cada una de estas cuatro libertades se aplica al lenguaje Python. El framework Pygame también está bajo licencia libre, en este caso bajo licencia GNU LGPL.

La conjunción de estas cuatro libertades crea un círculo virtuoso que permite, entre otras cosas, estudiar el software (punto 3), ya que el código informático de Python está disponible gratuitamente. Todo el mundo puede leerlo, tratar de entenderlo y, posiblemente, mejorarlo posteriormente. Esta apertura también permite tener documentación de muy alto nivel. De hecho, como todos tienen acceso al código fuente y pueden leerlo y tratar de entenderlo, todos pueden enriquecer la documentación que también se distribuye bajo licencia libre.

2.5 Multiplataforma

El lenguaje Python se puede utilizar en todos los sistemas operativos, ya sea un sistema Windows, Linux o macOS (Apple). Por lo tanto, vamos a describir brevemente la instalación de Python en cada uno de estos tres sistemas operativos.

3. Instalación de Python

Como sucede con frecuencia en el mundo de Python, la documentación tiene una calidad excelente y por regla general está traducida al castellano. Para instalar Python, el recurso recomendado se encuentra en la dirección https://www.python.org/downloads/

El sitio web generalmente podrá detectar su sistema operativo e inmediatamente le dirigirá a la página de descarga correspondiente.

3.1 Instalación de Python en Windows

Elija Windows en la página web especificada. A continuación, le llevará a una página donde se pueden descargar diferentes versiones. Por lo general, es recomendable elegir la versión estable más reciente. Una vez que el instalador ha terminado su trabajo, Python ya está disponible para usarlo.

3.2 Instalación de Python en macOS

De la misma manera o prácticamente igual: vaya a la página indicada y elija macOS. Hay archivos con extensión .pkg disponibles para descargar. Elija la última versión estable e instálela.

3.3 Instalación de Python en Linux

Es habitual que Python se instale de forma predeterminada en las distribuciones de Linux. Así que puede que no tenga que hacer nada. De lo contrario, también en este caso puede descargar el instalador y continuar con la instalación de Python.

4. Uso de Python en línea de comandos por primera vez

4.1 Múltiples versiones de Python

Independientemente del sistema operativo que esté utilizando y una vez instalado Python, puede verificar que está correctamente instalado escribiendo algunas líneas en el terminal. Simplemente escriba "python" en el terminal y debería ver el shell de Python.

4.2 Comprobación de versión

En primer lugar, recuerde que es posible tener varias versiones principales de Python conviviendo en la misma máquina. Por ejemplo, las versiones 2.7 y 3.8. Como resultado:

- Escribir "python" lo colocará en el entorno 3.8 (el más reciente),
- Escribir "python2" lo colocará en el entorno 2.7,
- Escribir "python3" lo colocará en el entorno 3.8.

En el momento de escribir la segunda edición de este libro, en abril de 2023, la última versión estable es la 3.11.3. Ahora veamos el acceso concreto a las versiones de Python desde la línea de comandos.

Comience abriendo un terminal, independientemente de su sistema operativo. El comando que permite obtener la versión, es el siguiente:

```
python -V
```

En la máquina actual, se instala una versión 2.7, así como una versión 3.8. Obtendrá las siguientes versiones:

```
> python -V
Python 3.8.8
> python3 -V
Python 3.8.8
> python2 -V
Python 2.7.16
```

4.3 Primer uso

Colóquese en el entorno Python 3.8. Para hacer esto, simplemente escriba:

```
> python
```

El resultado es el siguiente:

```
Python 3.8.8 (default, Apr 13 2021, 12:59:45)
Type "help", "copyright", "credits" or "license" for more information.
>>>
```

El promt >>> indica que se encuentra en el entorno de Python. Podría haber escrito simplemente *python2* para situarse en la versión 2.7.

Comience con algunas operaciones aritméticas simples:

```
>>> 3 - 2
1
```

```
>>> 4 * 6
24
```

Se puede utilizar el formalismo matemático conocido como la regla del paréntesis.

```
>>> (23 + 2) * 24 + (22 / 3)
607.3333333333334
```

Python ha entendido que el resultado aquí es un tipo en coma flotante y no un entero como antes, y ha procedido de acuerdo al tipado fuerte del resultado.

El uso de un operador que no existe provoca un error de sintaxis:

```
>>> 3 +/ 4
 File "<stdin>", line 1
   3 +/ 4     ^
SyntaxError: invalid syntax
```

Continuaremos usando la línea de comandos para abordar los aspectos fundamentales de Python, aunque usaremos principalmente archivos con extensión .py.

5. Primeros pasos con Python

5.1 Primeras instrucciones

Comience mostrando una cadena de caracteres en la consola (otro nombre que se da al terminal). Este uso de la instrucción `print` es muy útil para depurar un programa.

```
>>> print ("Ediciones ENI")
Ediciones ENI
```

Digamos también unas palabras sobre los comentarios: la primera forma de comentar en Python consiste en utilizar el carácter #.

```
>>> # Esto es un comentario
>>>
```

Si desea salir del entorno de Python y volver a la línea de comandos, puede utilizar el siguiente comando:

```
exit()
```

5.2 Uso de un archivo Python

Cualquier editor de texto, el que suela utilizar, es adecuado para programar en Python. Para este libro, utilizamos preferentemente Visual Studio Code, sin ningún aspecto relacionado con este software que interfiera con las explicaciones.

En el siguiente archivo, denominado capitulo1_A.py, se escriben las siguientes líneas:

```
# Esto es un comentario
print ("Empezamos con Abecé")
```

Posteriormente, para ejecutar este pequeño programa, escriba el siguiente comando en el terminal (asegúrese de estar en el directorio donde está almacenado el archivo). El símbolo ">" representa el promt.

```
> python capitulo1.py
```

Obtiene un error de sintaxis. De hecho, el resultado es el siguiente:

```
SyntaxError: Non-ASCII character '\xc3' in file capitulo1.py on line 2, but no
encoding declared; see http://python.org/dev/peps/pep-0263/ for details
```

Al intérprete de Python no le gusta la "é" de "Abecé" porque no se reconoce como un carácter ASCII. Se trata de especificar que deseamos trabajar en UTF8 para beneficiarnos, entre otras cosas, de los caracteres acentuados de la lengua castellana. Por lo tanto, añadimos la siguiente línea al principio del archivo:

```
# coding=utf-8
```

Nuestro archivo ahora se presenta de la siguiente manera:

```
# coding=utf-8

# Esto es un comentario
print ("Empezamos con Abecé")
```

Vuelva a ejecutar el programa:

```
> python capitulo1.py
```

Esta vez, el resultado no contiene errores:

```
Empezamos con Abecé
```

5.3 Indentación en Python

La indentación se corresponde con los desplazamientos al principio de una línea, que se utilizan cuando se usan condiciones, bucles, etc.

En otros lenguajes, se usan llaves, como en C# o C++.

Esto permite que Python especifique bloques lógicos de código.

Considere el siguiente ejemplo que contiene la condición `if/else` cuya sintaxis vamos a descubrir, y que nos permite presentar un ejemplo de indentación.

```
if 100 > 5:
  print("Pasamos por el if")
else:
  print("Pasamos por el else")
```

Por supuesto, 100 es mayor que 5, por lo que el código pasará por el `if`. El resultado de la salida es:

```
Pasamos por el if
```

Aprovechamos para indicar otra forma de comentar; en este caso se trata de un comentario en varias líneas, para lo que es necesario utilizando las comillas triples antes y después:

```
"""
  Condición if/else
  ¿Es 100 mayor que 5?
"""
if 100 > 5:
  print("Pasamos por el if")
else:
  print("Pasamos por el else")
```

Vayamos al núcleo principal de las variables y funciones en Python. Aquí la idea es aclarar los aspectos esenciales del lenguaje.

5.4 Variables y funciones en Python

5.4.1 Declarar y usar una variable

Para declarar una variable en Python, es suficiente con asignar a la variable un nombre y un valor. Dependiendo del tipo de valor asignado, la variable será de uno u otro tipo.

Aquí creamos tres variables: una variable entera, una de tipo coma flotante (número con coma) y una de tipo cadena de caracteres. Los nombres de estas variables son a, b y c, respectivamente.

```
a = 3
b = 1.2345
c = "Madrid"
```

Para mostrar el contenido de cada variable, se puede usar la instrucción `print` que muestra el contenido de una variable como una cadena de caracteres.

```
print(a)
print(b)
print(c)
```

Como resultado, se obtiene lo siguiente en la consola:

```
3
1.2345
Madrid
```

Podemos hacernos la siguiente pregunta en este punto: el tipo de cada una de las tres variables, ¿es el que se espera, es decir, un entero, un número de coma flotante y una cadena de caracteres, respectivamente? Para comprobarlo, use la función `type()` de Python que devuelve el tipo de la variable que se pasa como argumento.

```
print(type(a))
print(type(b))
print(type(c))
```

Se obtiene el siguiente resultado, que confirma que las variables están fuertemente tipadas.

```
<class 'int'>
<class 'float'>
<class 'str'>
```

Este tipo no es fijo para una variable determinada. Se puede cambiar el tipo usando conversiones, comúnmente llamadas "casting" en la programación de software. Para ello, utilice funciones de casting o conversión que se nombran en función del tipo adecuado.

```
a = str('Madrid')
b = int(1.2345)
c = float(3.2)

print(a)
print(b)
print(c)

print(type(a))
print(type(b))
print(type(c)
```

El resultado es:

```
Madrid
1
3.2
<class 'str'>
<class 'int'>
<class 'float'>
```

Observación

A continuación, se describen tres observaciones relativas a la sintaxis:

Las comillas dobles " “ " o simples " ' " (simple quote) se usan indistintamente para declarar una cadena de caracteres. En Python se permiten ambas.

El separador decimal de un número en coma flotante es obligatoriamente el punto ".".

Python distingue entre mayúsculas y minúsculas, lo que significa que las cadenas "Madrid", "madrid", "mAdriD" o "maDRID" son diferentes.

También podemos declarar varias variables en una línea.

```
PI, ciudad, ii = 3.14, "Soria", 58

print(PI)
print(ciudad)
print(ii)

print(type(PI))
print(type(ciudad))
print(type(ii))
```

El resultado es:

```
3.14
Soria
58
<class 'float'>
<class 'str'>
<class 'int'>
```

Finalmente, para pasar diferentes líneas en una cadena de caracteres, usamos " “ " al principio y al final de la cadena. Por ejemplo:

```
lineas = '''Madrid
es
la capital de
España.'''

print(lineas)
print(type(lineas))
```

El resultado es.

```
Madrid
es
la capital de
España.
< class 'str'>
```

5.4.2 Declarar y usar una función

La palabra clave `def` se utiliza en Python para declarar una función. Declare una función `dividir()`, que recibe dos números como argumentos y devuelve el cociente de esos dos números.

```
def dividir(a, b):
        return a/b
```

Úsela inmediatamente.

```
print(dividir(5.4, 2))
```

El resultado es:

```
2.7
```

Intente probar la división por cero, que matemáticamente es imposible.

```
print(dividir(5.4, 0))
```

Obtendrá un error, que tiene mucho sentido:

```
Traceback (most recent call last):
ZeroDivisionError: float division by zero
```

Modifique la función para evitar este problema:

```
def dividir(a, b):
   if b is 0:
       return str("División por cero no permitida")
   return a/b
```

A continuación, vuelva a probar:

```
print(dividir(5.4, 2))

print(dividir(5.4, 0))
```

Se obtiene el siguiente resultado:

```
2.7
División por cero no permitida
```

Vemos que la función es capaz de devolver diferentes tipos. Aquí, devuelve una cadena de caracteres o un número en coma flotante.

Consideremos un segundo ejemplo para introducir la recursividad. La recursividad consiste en la auto-llamada de una función para obtener un resultado.

Vamos a calcular el factorial de un número entero. El factorial consiste en multiplicar el entero que se pasa como argumento por el entero que lo precede y así sucesivamente, hasta llegar a 1.

- Por lo tanto, el factorial de 4, que en notación matemática es 4!, es igual a 4 x 3 x 2 x 1, cuyo resultado es 24.
- Una convención matemática especifica que el factorial de 0, es decir, 0!, es igual a 1.

La función recursiva propuesta aquí tiene esta implementación:

```
def factorial(n):
   if n == 0:
       return 1
   else:
       return n  * factorial(n-1)
```

Detallemos el funcionamiento de esta función:

- Si el entero es 0, se devuelve 1, lo que también interrumpe la recursividad.
- De lo contrario, multiplicamos el número entero `n` recibido como argumento llamando a la función `factorial()` para el entero que precede a `n`, es decir, `n-1`.

Pruebe la función:

```
print("Factorial de 4 = ", factorial(4))
print("factorial de 10 = ", factorial(10))
```

Se obtiene como salida:

```
Factorial de 4 =  24
factorial de 10 =  3628800
```

Por supuesto, hay muchos otros aspectos que hay que aprender sobre variables y funciones en Python. Sin embargo, esta rápida visión general permite conocer lo esencial necesario.

5.5 Breve comentario sobre los módulos en Python

5.5.1 La palabra clave import

Un módulo en Python es una librería que, a su vez, incluye funciones que permiten obtener resultados, generalmente sobre un tema determinado. Hay miles de módulos dedicados a diversos temas. La gran ventaja es que permite ahorrar código en la programación de funciones que ya existen en un módulo.

Por ejemplo, hay un módulo matemático llamado `math` que incluye docenas de funciones matemáticas, incluido el cálculo del factorial. La documentación en línea para este módulo se puede encontrar en la dirección web https://docs.python.org/es/3/library/math.html

Al revisar la documentación, identificamos la función factorial que se llama `factorial()`.

Para poder usar un módulo, usamos la palabra clave `import`. Intente usar la función factorial.

```
import math

print(math.factorial(4))
```

Se obtiene el siguiente resultado:

```
24
```

También podemos hacer el cálculo de la raíz cuadrada. La función para esto es `sqrt()`. Buscamos la raíz cuadrada de 16.

```
print(math.sqrt(16))
```

Y se obtiene:

```
4.0
```

5.5.2 Un comentario sobre __main__

Los programas que cree se pueden utilizar como ejecutables como lo hacemos aquí, pero se podrían usar como módulos usando la palabra clave `import`. Pero el intérprete Python debe ser capaz de entender cuál es el contexto de uso. Por este motivo, se recomienda usar `__main__` que permite a Python indicar cuál es el contexto de uso.

Reescriba el código del módulo para incorporar este aspecto.

```
import math

def calculo_factorial_raiz():
  print("Factorial de 4: ", math.factorial(4))
  print("Raíz cuadrada de 16: ", math.sqrt(16))


if __name__ == "__main__":
  calculo_factorial_raiz()
```

Pruebe el código ejecutándolo. No hay cambios en el resultado, pero el código ahora cumple con una de las buenas prácticas:

```
Factorial de 4: 24
Raíz cuadrada de 16: 4.0
```

5.6 Bucles y condiciones en Python

Ahora vamos a hacer algunos comentarios sobre bucles y condiciones en Python, antes de entrar en algunas estructuras de datos.

Existen dos tipos de bucles "primitivos" en Python: el bucle `while` y el bucle `for`.

En cuanto a las condiciones, se mencionan las condiciones `if...else...elif`, así como `switch... case`.

5.6.1 El bucle while

El bucle `while` funciona para realizar un proceso determinado cuando se cumple una condición que se indica.

Por ejemplo, podemos calcular la suma de los primeros 100 enteros de la siguiente manera:

```
def suma_enteros_while(N):
  i = 1
  suma = 0

  while i <= N:
     suma = suma + i
     i += 1

  print("suma", suma)


if __name__ == "__main__":
suma_enteros_while(100)
```

Aquí vemos que la condición consiste en comprobar si la variable ha alcanzado el valor 100. Mientras esta condición sea cierta, continuamos el tratamiento del bucle.

5.6.2 El bucle for

Puede hacer el mismo cálculo con un bucle `for`. Para ello, utilice la función `range`. Aquí, `range(101)` se utiliza para recorrer los enteros de 0 a 100.

```
def suma_enteros_for(N):
  suma = 0

  for i in range(N+1):
     suma = suma + i
     i += 1

  print("suma", suma)


if __name__ == "__main__":
  suma_enteros_for(100)
```

Podemos usar el bucle `for` para recorrer una lista, que vamos a abordar inmediatamente más adelante junto con otras colecciones de Python. Considere el siguiente ejemplo: recorrer una lista que contiene tres cadenas de caracteres de ciudades. Para cada una, muestre la cadena de caracteres.

```
def print_list():
  lista = [ 'Madrid', 'Sevilla', 'Santander']

  for element in lista:
     print(element)

if __name__ == "__main__":
  print_list()
```

Se obtiene el siguiente resultado:

```
Madrid
Sevilla
Santander
```

5.6.3 Las condiciones con if...else...elif

Las condiciones "si", "si no si" y "si no" evalúan una condición para obtener un código concreto asociado a una condición específica. Este aspecto es similar a lo que existe y se utiliza en muchos lenguajes. A continuación, se muestra un pequeño ejemplo de comparación de enteros

```
x = 3
y = 7
if y > x:
 print("y es mayor que x.")
elif y == x:
 print("y es igual a x.")
else:
 print("x es mayor que y.")
```

5.7 Estructuras de datos en Python

Un último aspecto merece ser abordado en este primer capítulo: estructuras de datos que permiten almacenar variables y datos. En esta sección, vamos a estudiar brevemente las cuatro estructuras de datos principales en Python:

- la Lista (List),
- la tupla,
- el conjunto (Set),
- el diccionario (Dict).

A grandes rasgos, la filosofía de cada uno de estos tipos de colecciones es la siguiente:

- Una lista es una colección ordenada que es editable (es decir, su contenido se puede cambiar). Podemos tener elementos duplicados en una lista.
- Una tupla es una colección ordenada que no se puede editar. Por lo tanto, su contenido no se puede modificar. Es posible tener elementos duplicados en una tupla.
- Un conjunto Set es una colección no ordenada, no editable y que prohíbe los valores duplicados. Es muy práctico hacer uniones e intersecciones entre conjuntos.
- Un diccionario es una colección que opera de acuerdo con un sistema clave-valor. Es ordenado y modificable. No permite valores duplicados: de hecho, la clave es única.

Observación

Se dice que una colección es editable cuando es posible agregar, eliminar o modificar un elemento de la colección.

Observación

Se dice que una colección está ordenada cuando la posición de un elemento en la colección tiene sentido. En una colección no ordenada, no importa dónde se almacene el elemento dentro de la colección, lo unico importante es que esté en ella.

5.8 Ejemplo de listas

Aquí hay tres ejemplos de listas: cadenas, enteros y booleanos, respectivamente. Para definirlas, utilice los corchetes "[ ]".

```
ciudades = ["Madrid", "Sevilla", "Santander"]
cifras = [1, 2, 3, 4, 5]
switches = [Verdadero, Falso, Falso]
```

En Python, una lista puede contener diferentes tipos y, por lo tanto, no necesariamente tener un solo tipo representado, como en el ejemplo anterior.

```
elementos = ["Madrid", 1, Verdadero, 2, "Sevilla", 3]
```

Si desea acceder al segundo elemento (aquí "1"), haga lo siguiente:

```
print(element[1])
```

5.9 Ejemplo de tuplas

Para definir una tupla, utilice los paréntesis "( )" donde, para las listas, se utilizan los corchetes "[ ]". Como recordatorio, una tupla permite tener varias veces el mismo valor. Por ejemplo:

```
ciudades = ("Madrid", "Madrid", "Santander", "Sevilla", "Santander")
```

5.10 Ejemplo de conjuntos

Un conjunto se define mediante llaves "{ }". También se puede definir usando el constructor que recibe una tupla como argumento, por ejemplo. Una vez definidos los conjuntos, se les pueden aplicar operadores de conjuntos (intersección, unión, etc.). Un conjunto puede contener diferentes tipos.

Por ejemplo, cree dos conjuntos con contenido equivalente, de dos maneras diferentes:

```
conjunto1= {"Madrid", 1, True, 2, "Sevilla"}

# Usando el constructor.
conjunto2 = set(("Madrid", 1, True, 2, "Sevilla"))
```

5.11 Ejemplo de diccionario

Por último, vamos a ver el diccionario, también presente en multitud de idiomas y que se utiliza de manera muy frecuente sea cual sea la temática o el objeto del proyecto. Un diccionario se puede ver como una matriz clave-valor. Una vez más, se pueden usar diferentes tipos entre las diferentes claves y valores manipulados.

Por ejemplo, cree un pequeño diccionario dedicado a las capitales de los países.

```
capitales = {
 "Francia": "París",
 "Alemania": "Berlín",
 "España": "Madrid"
}
print(capitales)
```

Podemos obtener fácilmente la lista de claves del diccionario:

```
claves = capitales.keys()
```

Del mismo modo, para obtener una lista de valores:

```
valores = capitales.values()
```

También podemos obtener fácilmente la lista de todas las claves-valores.

```
items = capitales.items()
```

Finalmente, podemos acceder al valor asociado a una clave dada, de la siguiente manera (para modificarlo, por ejemplo):

```
capitales["Francia"]
```

6. Conclusión

Este capítulo está destinado a proporcionar una breve descripción de los elementos esenciales útiles para comenzar con Python, obviamente se puede profundizar en cada aspecto de manera independiente. El siguiente capítulo explica conceptos más elaborados, que serán útiles directa o indirectamente en el aprendizaje de Pygame, especialmente para la programación orientada a objetos.

Capítulo 2

Nociones avanzadas del lenguaje Python

1. Introducción

Este capítulo se dedica a las nociones un poco más avanzadas en lenguaje Python, nociones que nos serán útiles en el aprendizaje de Pygame, ya sea directa o indirectamente. En particular, este es el caso de la programación orientada a objetos, cuyas primeras nociones (noción de clase y noción de instancia) es esencial dominar.

El capítulo también estará dedicado a otras nociones avanzadas, aunque menos esenciales para evolucionar en el mundo de Pygame.

2. Programación orientada a objetos

2.1 Introducción

De nuevo, aquí la idea es no detallar los conceptos paso a paso, sino más bien dar las claves que permitan proyectarse lo más rápido posible sobre el desarrollo de Pygame. Después de recordar los conceptos principales de la POO (programación orientada a objetos), será necesario revisar varios ejemplos relacionados con clases, instancias e incluso un concepto como la herencia.

Pasaremos lo antes posible a descubrir la POO en Python siguiendo este "camino":

- Las clases, y por lo tanto las instancias (que se relacionan con el concepto de encapsulación).
- Esto nos permitirá abordar el concepto de atributos, propiedades y métodos de clases.
- Finalmente, diremos unas palabras sobre la herencia y posteriormente sobre el polimorfismo. De hecho, abordaremos la cuestión de la sobrecarga de métodos.

2.2 Clases en Python

La clase se puede ver como el modelo, el molde de objetos que podemos utilizar durante la creación como prefiramos. Por lo tanto, podemos imaginar tener una clase `Pais` que, por ejemplo, tendrá una propiedad `nombre` y otra `capital`.

Por lo tanto, a partir de esta clase (de este modelo) podemos instanciar países, por ejemplo con el nombre "España" cuya propiedad `capital` sea Madrid. También declinamos un conjunto de metadatos que definen una noción dada (aquí, un país).

Intentemos codificar esto en Python:

```
class Pais:

 nombre = "País por definir"
 capital = "Valor desconocido"
```

Por ahora, no tenemos mucho: solo una plantilla que aún no hemos intentado usar, es decir, aún no hemos intentado crear objetos tangibles a partir de esta clase.

Cree un objeto de la siguiente manera. El siguiente objeto `pais1` es una instancia de la clase `Pais`.

```
pais1 = Pais()
```

Vemos que, para cada una de las dos propiedades, la instancia tiene los valores predeterminados indicados en la clase.

```
print(pais1.nombre)
print(pais1.capital)
```

De hecho, se obtiene lo siguiente como resultado en nuestro terminal:

```
> País por definir
> Valor desconocido
```

Ahora, podemos tratar de añadir un poco más de complejidad a nuestra clase para que sea una herramienta útil, es decir, una entidad que puede contener información sobre un país determinado, pero también la capacidad de ser inicializada como tal. Para ello, el lenguaje Python proporciona una función interna de la clase denominada `__init__`. Esto existe en la primera versión de nuestra clase `Pais`, pero no se declara explícitamente. Para tener una inicialización de las instancias que se corresponda con nuestra necesidad, debemos declarar esta función explícitamente.

Tenga en cuenta que esta función `__init__` se llama automáticamente al crear una instancia de dicha clase.

Por lo tanto, modifique el código de ejemplo en consecuencia.

```
class Pais:

  ef __init__(self, nombre, capital):
     self.nombre = nombre
     self.capital = capital


espania = Pais("España", "Madrid")
print(espana.nombre)
print(espana.capital)
```

Obtiene el siguiente resultado en el terminal:

```
> España
> Madrid
```

Varias observaciones sobre esta evolución del código:

- Usamos explícitamente la función `__init__`, que se llama de todos modos y que recibe como argumento el nombre del país y su capital.
- Vemos que las dos propiedades en cuestión `nombre` y `capital` toman los valores recibidos gracias, entre otras cosas, al uso de la palabra clave `self`.
- Esta palabra clave, que corresponde a `this` en C++, por ejemplo, permite que una instancia haga referencia a sus propiedades o métodos. Por lo tanto, no designa ni más ni menos que a la instancia actual.

Vemos que podemos manipular fácilmente las instancias y almacenarlas en una estructura de datos para su uso posterior. Por ejemplo, a continuación se añaden tres países a una lista dedicada.

```
class Pais:

  def __init__(self, nombre, capital):
     self.nombre = nombre
     self.capital = capital

listaPais = []
```

```
francia = Pais("Francia", "París")
listaPais.append(francia)

espania = Pais("España", "Madrid")
listaPais.append(espania)

portugal = Pais("Portugal", "Lisboa")
listaPais.append(portugal)
```

Podría ser interesante recorrer esta lista para ver su contenido, es decir, los datos de los países. Por lo tanto, podemos añadir un método de descripción de instancia y otro encargado de devolver una frase más elaborada.

Hay un método en Python que permite que una instancia se autodescriba con una cadena de caracteres, simplemente haciendo un `print` de la instancia en sí. Se trata de `__str__`.

Proporcionamos una implementación para este método `__str__` y creamos un método más elaborado que pueda generar una frase.

```
class Pais:

  def __init__(self, nombre, capital):
     self.nombre = nombre
     self.capital = capital

  def __str__(self):
     return self.nombre + " (" + self.capital + ")"

  def frase(self):
     return "La capital de: " + self.nombre + "  es: " + self.capital + "."
```

Utilice la nueva versión de la clase, de la siguiente manera:

```
listaPais = []

francia = Pais("Francia", "París")
listaPais.append(francia)

espania = Pais("España", "Madrid")
listaPais.append(espania)

portugal = Pais("Portugal", "Lisboa")
listaPais.append(portugal)

print(listaPais[0])

for pais in listaPais:
  print(pais.frase())
```

Se obtiene el siguiente resultado en el terminal:

```
> Francia (París)
> La capital de: Francia es: París.
> La capital de: España es: Madrid.
> La capital de: Portugal es: Lisboa.
```

2.3 Breve comentario sobre la herencia y el polimorfismo

El estudio de Pygame hace necesario que al menos entendamos y conozcamos las nociones de herencia y polimorfismo. Estas dos nociones son aspectos muy importantes de la programación orientada a objetos.

2.3.1 La herencia

La herencia permite factorizar propiedades y métodos de una clase padre y, por lo tanto, ahorrar una serie de redefiniciones. Pongamos un ejemplo desde el principio. Supongamos que tenemos una clase de nivel superior relativa a las personas que encontramos en un colegio. Esta clase `Persona` tiene propiedades como apellido, nombre, fecha de nacimiento y lugar de nacimiento, que son comunes a todas las personas presentes en el colegio, ya sean profesores (clase `Prof`), estudiantes (clase `Alumno`) o personal no docente (clase `Pro`).

Comenzamos creando una clase `Persona` con tres propiedades y hacemos que una clase hijo llamada `Prof` herede de esta clase `Persona`.

```
class Persona:

  def __init__(self, nombre, apellido, anio):
     self.nombre = nombre
     self.apellido = apellido
     self.anio = anio

  def __str__(self):
     return self.nombre + " - " + self.apellido + " - " + str(self.anio)


class Prof(Persona):
  pass
```

Con el siguiente código, tenemos que `Prof` hereda de `Persona`.

```
clase Prof(Persona):
```

La palabra clave `pass` nos permite tener una implementación "vacia", que funciona en cualquier caso.

Ahora tratemos de elaborar nuestra clase aún más, añadiendo una lista de materias enseñadas como una propiedad de la clase `Prof`.

```
class Persona:

  def __init__(self, nombre, apellido, anio):
     self.nombre = nombre
     self.apellido = apellido
     self.anio = anio

  def __str__(self):
     return self.nombre + " - " + self.apellido + " - " + str(self.anio)
```

```
class Prof(Persona):

  def __init__(self, nombre, apellido, anio, materias):
     super().__init__(nombre, apellido, anio)
     self.materias = materias

  def __str__(self):
     return super().__str__() + " - " + ", ".join(self.materias)


materias = ["matemáticas", "física", "tecnología"]
prof1 = Prof("Ángel", "Sánchez", 1960, materias)

materias = ["historia", "geografía"]
prof2 = Prof("Ángel", "Sánchez", 1955, materias)

print(prof1)
print(prof2)
```

Cuando ejecuta este programa, obtiene lo siguiente:

```
> Ángel - Sánchez - 1960 - matemáticas, física, tecnología
> Ángela - Sánchez - 1955 - historia, geografía
```

2.3.2 Polimorfismo

El ejemplo anterior ilustra brevemente el aspecto más importante del polimorfismo, en este caso la sobrecarga de los métodos, con ayuda de `super()`.

A continuación, se presentan dos sobrecargas, que se extraen precisamente del ejemplo anterior.

```
def __init__(self, nombre, apellido, anio, materias):
     super().__init__(nombre, apellido, anio)
```

```
def __str__(self):
     return super().__str__() + " - " + ", ".join(self.materias)
```

2.4 Conclusión

El tema de la programación orientada a objetos es muy amplio y esta breve introducción no pretende cubrir todos los conceptos. Al final, teníamos dos objetivos. Si está empezando en programación, lo que hemos visto anteriormente le permite abordar el uso de Pygame con serenidad. Si es un poco más experto, lo anterior le permite fijar algunos principios importantes en los que se debe de profundizar más adelante con otros recursos.

3. El entorno virtual

3.1 Contexto

Cuando programe en Python, rápidamente tendrá una multitud de módulos instalados en su máquina. E incluso para un módulo determinado, rápidamente tendrá varias versiones del mismo módulo instaladas en su máquina. Este puede ser el caso del módulo Pygame que, tras unos meses de práctica, tendrá en varias versiones.

En lenguaje Python existe un dispositivo bastante relacionado con la forma de programar: es el entorno virtual. Este último permite instalar los módulos necesarios en sus versiones correctas, estrictamente en relación con un proyecto determinado. Esto facilita el trabajo, aporta seguridad y claridad a los proyectos o a la ejecución de los proyectos de terceros que utiliza.

3.2 Pequeño ejemplo teórico

Hay varios sistemas de entorno virtual en Python. Sin embargo, aquí solo mencionaremos un tipo, que es el que se utiliza habitualmente: se trata de **virtualenv**.

Por supuesto, debe comenzar instalando el módulo para esto.

```
pip install virtualenv
```

Para un proyecto determinado, a un proyecto que se diseña en Pygame por ejemplo, le puede asociar rápidamente un entorno virtual de manera implícita. Por lo tanto, se trata de crearlo y luego activarlo. En el siguiente ejemplo, el entorno virtual se denomina "venv".

```
virtualenv venv
```

```
source venv/bin/activate
```

A partir de esta activación, todos los módulos instalados para el proyecto se instalan dentro de este entorno virtual, que posteriormente aparece como una especie de "burbuja de software" alrededor de su proyecto.

A continuación, suponga que desea compartir su proyecto, proporcionando a sus usuarios la lista de módulos instalados (y sus versiones).

Para hacer esto, simplemente escriba la siguiente línea de comandos:

```
pip freeze > requirements.txt
```

El resultado es un archivo con un contenido que tendrá un aspecto similar al siguiente:

```
certifi==2020.12.5
chardet==4.0.0
ExifRead==2.3.2
idna==2.10
PyQt5==5.15.2
PyQt5-sip==12.8.1
PyYAML==5.4.1
requests==2.25.1
urllib3==1.26.2
Send2Trash==1.8.0
```

Es decir, una lista con los módulos del proyecto donde para cada uno se muestra la versión del módulo utilizado en el proyecto.

Ahora pasemos a la reutilización de su proyecto. Una persona recupera su código, todos los archivos de Python y el archivo requirements.txt.

Lo único que tiene que hacer es crear un entorno virtual, activarlo y después ejecutar este comando:

```
pip install -r requirements.txt
```

El usuario de su proyecto Python tiene el proyecto instalado, con los módulos correctos en las versiones correctas instalados en el entorno virtual. El proyecto debe funcionar inmediatamente sin tener que hacer malabarismos con la instalación de los módulos (en sus versiones correctas).

4. La PEP8

4.1 Contexto

PEP (en inglés *Python Enhancement Proposal*) es un conjunto de documentos sobre los que se ponen de acuerdo las personas involucradas en la evolución del lenguaje Python.

Cada PEP explora una funcionalidad, un aspecto del lenguaje Python y da soporte a una decisión técnica colectiva, que puede tener que ver con el lenguaje en sí (con la sintaxis principalmente) o con aspectos relacionados con el lenguaje.

Puede encontrar al primera PEP, PEP0, fechado en el año 2000, en la dirección:
https://peps.python.org/

Aquí hablaremos principalmente sobre la PEP8, que data del año 2001, y se modificó de manera regular hasta 2013. El recurso relacionado con esta PEP se encuentra en la dirección:
https://peps.python.org/pep-0008/

4.2 El espíritu de la PEP8

Como habrá visto, esta propuesta de PEP titulada *Style Guide for Python Code*, se centra principalmente en la forma del código en sí y no tanto (de hecho, nada) en aspectos de programación de software.

El objetivo es que un desarrollador de Python que esté consultando código Python compatible con la PEP8 sea más eficiente, porque la forma del código es algo a lo que está acostumbrado.

Este aspecto no estuvo presente en la primera edición de este trabajo. Por lo tanto, el código que se propone a partir de ahora será lo más respetuoso posible con la PEP8, lo que también permite tener un código más legible.

4.3 Principios generales y herramientas

4.3.1 Principios de la PEP8

Presentemos algunas expectativas de la PEP8:

- La codificación debe ser UTF-8.
- La indentación debe tener exactamente 4 caracteres.
- Una línea no debe tener más de 79 caracteres (utilizar el retorno de carro para pasar a la línea siguiente, si es necesario).
- Las importaciones de módulos se deben declarar al principio del archivo.
- Elimine los espacios innecesarios.
- "*Snake Case*" para la nomenclatura de clases, variables, funciones, etc.

Observación

Cuando estamos en Python, el "snake case" es una convención tipográfica que consiste en usar una escritura en minúsculas para nombrar variables y funciones. El enfoque tipográfico opuesto es "camel case", que consiste en poner en mayúscula la primera letra de cada palabra del nombre de la variable, función, etc.

Como puede ver, respectamos totalmente la forma. Expresado de otra manera, un código nada o poco compatible con PEP8 será correctamente interpretado y funcionará. La no correspondencia con PEP8 no es una causa de mal funcionamiento.

4.3.2 Algunas herramientas

No hay necesidad de invertir tiempo para que su código sea compatible con PEP8, al menos manualmente. Independientemente de cuáles sean sus herramientas de desarrollo, las hay que le pueden ayudar, sugerir cambios de formato o incluso hacerlos automáticamente por usted.

Por lo tanto, le recomendamos que instale los módulos `pep8` y `pylint`, que le permitirán tener recomendaciones para mejorar el formato.

```
pip install pep8
pip install pylint
```

También sugerimos instalar `autopep8`, especialmente si está trabajando con el IDE de Visual Studio Code, que puede realizar los cambios de PEP8 automáticamente por usted.

Por ejemplo, este comando cambia automáticamente el formato del código, respetando PEP8.

```
autopep8 capitulo2_Heritage.py --in-place
```

Esto provoca algunos ligeros cambios, en particular relacionados con los espacios. El resultado se muestra a continuación.

```
class Persona:

    def __init__(self, nombre, apellido, anio):
        self.nombre = nombre
        self.apellido = apellido
        self.anio = anio

    def __str__(self):
        return self.nombre + " - " + self.apellido + " - " + str(self.anio)


class Prof(Persona):

    def __init__(self, nombre, apellido, anio, materias):
        super().__init__(nombre, apellido, anio)

        self.materias = materias

    def __str__(self):
        return super().__str__() + " - " + ", ".join(self.materias)


materias = ["matemáticas", "física", "tecnología"]
prof1 = Prof("Ángel", "Sánchez", 1960, materias)

materias = ["historia", "geografía"]
prof2 = Prof("Ángela", "Sánchez", 1955, materias)

print(prof1)
print(prof2)
```

Por último, se trata de modificar la forma de su código lo mejor y más rápido posible, para que sea más legible. No hay necesidad de ser dogmático y algunas advertencias aquí y allá no son dramáticas, siendo lo mejor el enemigo de lo bueno.

Capítulo 2

Conceptos del videojuego y primeros pasos con Pygame

1. Introducción

Este capítulo pretende presentar diferentes conceptos relacionados con Pygame y empezar a explicar cómo Pygame proporciona soluciones prácticas en relación a estos conceptos. En particular, necesitamos explicar qué es un bucle de juego y posteriormente introducir el concepto de gestión de colisiones, un aspecto particularmente tedioso de manejar sin Pygame. Tomaremos como ejemplo un juego cuya gestión de colisiones se lleva a cabo sin Pygame. Esto nos permitirá demostrar lo práctico que es Pygame para manejar este aspecto, tan fundamental en el desarrollo de videojuegos.

2. El bucle del juego

Antes de continuar, debemos definir una noción fundamental del desarrollo de videojuegos: el bucle del juego. Algunas veces se llama "bucle de animación", se encuentra en (casi) todos los videojuegos y, como tal, es una especie de columna vertebral.

Se corresponde con un bucle infinito. Obviamente, tiene que poder interrumpirlo. Para hacer esto, programamos una acción del usuario (por ejemplo, presionando la tecla [Esc] del teclado). Al presionar esta tecla se interrumpe el bucle infinito y, por lo tanto, el juego actual.

Por lo tanto, ¿qué hace este bucle en cada iteración? Más o menos, los siguientes pasos:

1. Comprobar si se cumplen las condiciones de parada y, si es el caso, interrumpir el bucle.

2. Actualizar los recursos necesarios para la iteración actual.

3. Obtener las entradas procedentes del sistema o de la interacción con el jugador.

4. Actualizar todas las entidades que caracterizan el juego.

5. Actualizar la pantalla.

Al final de una iteración, el bucle infinito continúa y pasamos a la siguiente iteración.

De manera ideal, cada iteración debería tener la misma duración que todas las demás para permitir una cierta fluidez en el desarrollo del juego. Como veremos más adelante, una de las ventajas de Pygame es que también ofrece herramientas de gestión del tiempo. A título informativo, solemos trabajar con una modalidad de 30 fotogramas por segundo con Pygame, que es como ver el bucle infinito del juego realizar 30 iteraciones por segundo.

3. Descripción general de Pygame

Esta sección está aquí principalmente para contextualizar Pygame y explicar cómo se ha diseñado este framework, por qué y en qué contextos.

Pygame es una librería de software, es decir, un conjunto de recursos de software, dedicada al desarrollo de videojuegos en tiempo real. Esta librería también tiene la característica y el gran interés de ser software libre, en la medida en que se distribuye bajo la licencia GNU LGPL.

Lo que se debe entender es que, para hacer un juego es necesario que los elementos de código interactúen con partes de "bajo nivel" del ordenador, es decir, con el hardware, ya sea la pantalla, la tarjeta de sonido, el teclado, el ratón o incluso otros periféricos dedicados al juego. Estas interacciones de "bajo nivel" son complejas, generalmente desarrolladas con lenguajes como C, y utilizan la librería SDL (*Simple DirectMedia Layer*), que no siempre es fácil de aprender.

La librería Pygame es una capa que se sitúa por encima de SDL y que simplifica el acceso y la manipulación de estos diferentes dispositivos de forma sencilla e intuitiva, mientras se desarrolla con el lenguaje Python.

Pygame ofrece módulos que simplifican todos los aspectos del juego: incluyendo gráficos, sonido, interacciones de ratón o teclado y gestión de eventos.

4. Instalación de Pygame

La forma más sencilla de instalar Pygame es usar el programa `pip`. Por lo tanto, la siguiente línea de comandos le permite agregar la última versión de Pygame.

```
pip install pygame
```

Una vez instalada, puede verificar inmediatamente la versión de Pygame con el siguiente comando, ejecutado en un entorno Python:

```
import pygame
```

Obtenemos:

```
> pygame 2.1.2 (SDL 2.0.18, Python 3.8.8)
```

También es posible instalar Pygame con programas que incluyen muchas otras herramientas, como Anaconda, por ejemplo.

En el momento de escribir este artículo, la versión de Pygame (como se ha indicado anteriormente) es la versión 2.1.2, que incluye la versión 2.0.18 de SDL.

Puede ser interesante empezar visitando la web oficial del proyecto Pygame (https://www.pygame.org), por un lado para descubrir los diferentes recursos que podrán serle útiles más adelante y para comprobar el número de versión más reciente. Además, el sitio web oficial ofrece varias alternativas de instalación dependiendo de su sistema operativo.

Tanto si está en Windows, Linux o macOS, instalar Pygame es extremadamente sencillo. Para empezar, vaya a la dirección https://www.pygame.org/download.shtml

La página de descarga está organizada según el sistema operativo utilizado:

- En Windows, descargue el instalador (.msi) adecuado y, a continuación, ejecútelo.
- En Linux, elija el recurso correspondiente a su distribución (Ubuntu, Debian, Fedora, etc.), descárguelo y ejecútelo con el comando de instalación indicado.
- En macos, descargue el recurso apropiado (.dmg) y, a continuación, ejecute el instalador incluido (.mpkg).

Su instalación de Pygame también instala SDL de manera transparente.

Incluso si la instalación de Pygame parece haberse desarrollado correctamente (no hay mensaje de error en el horizonte), hay que comprobar que todo está correctamente en su lugar. Importe Pygame en una línea de comandos de Python para verificar que se proporciona una versión de Pygame y que es coherente con lo que haya podido leer en el sitio web.

Si hay algún problema, se podría deber a un problema de si el destino es de 32 o 64 bits, o a una versión de Pygame que no coincide con la de Python en su máquina.

5. Los módulos que componen Pygame

En esta sección se enumeran los diferentes módulos que componen Pygame, lo que da una primera visión general de las posibilidades. Con solo cuatro o cinco de estos módulos (o clases) que en general se utilizan con mayor frecuencia (*event*, *image*, *draw*, *surface*, *time* y después *sprite*), es posible hacer videojuegos avanzados.

- `cdrom`: gestión de unidades de CD/DVD.
- `cursors`: gestión del cursor del ratón.
- `display`: configuración de la superficie de visualización.
- `draw`: diseño de formas poligonales.
- `event`: manejo de eventos gráficos o relacionados con los periféricos.
- `font`: gestión de fuentes.
- `image`: gestión de imágenes.
- `joystick`: gestión de periféricos de juego.
- `key`: gestión del teclado.
- `mixer`: gestión general del sonido.
- `mouse`: gestión del ratón.
- `movie`: gestión de aspectos de vídeo.
- `music`: gestión de la música.
- `overlay`: gestión avanzada del vídeo.
- `pygame`: gestión de la propia librería de Pygame.
- `rect`: gestión específica de la forma rectangular.
- `sndarray`: gestión de datos de sonido.
- `sprite`: gestión de los sprites, objetos de alto nivel utilizados en Pygame.
- `surface`: gestión avanzada de imágenes.
- `surfarray`: gestión y manipulación de imágenes.

- `time`: gestión del tiempo y refresco de la pantalla.
- transform: transformación y desplazamiento de las imágenes.

6. Realización de un primer juego gráfico: cohete y planetas

La idea aquí es hacer un pequeño juego cuyo objetivo es pilotar una máquina voladora y evitar ciertos obstáculos: planetas, dos en este caso, cayendo del cielo. El cohete debe evitarlos yendo a la izquierda o a la derecha. Esta será la acción del jugador: mover a la izquierda o a la derecha (solo lateralmente) el cohete, para evitar los planetas. Si un planeta toca el cohete, obviamente se pierde.

Para ello, escribiremos un pequeño código en Pygame detallando lo máximo posible cada etapa.

El código tiene un archivo requirements.txt que permite crear y activar un entorno virtual. Aquí, solo hay un módulo, en este caso Pygame.

Uno de los intereses de este enfoque es explicar e ilustrar simplemente dos aspectos principales del desarrollo de Pygame, a saber:

- el sistema de coordenadas en una ventana de Pygame,
- la gestión de colisiones, es decir, el código que gestiona el encuentro de dos objetos gráficos (por ejemplo, si queremos simular gráficamente el rebote de una pelota en el suelo).

El resto del libro detalla precisamente cada aspecto abordado. Pero este primer desarrollo ofrece una visión global de lo que es Pygame y lo que permite hacer.

6.1 Las imágenes utilizadas

La máquina voladora se define mediante una imagen en formato JPEG o PNG. Puede utilizar una de sus fotografías o una de sus creaciones gráficas realizadas con software de dibujo o una imagen que se encuentre en la Web, siempre que tenga una licencia que permita reutilizarla libremente y posiblemente sin necesidad de atribución. Este es el caso de la imagen del cohete que utilizamos en este ejemplo. Se almacena en el directorio del proyecto con el nombre COHETE.png. El vehículo volador tiene una orientación vertical, para el desplazamiento automático del juego hacia arriba. Para terminar, es preferible que la imagen elegida tenga un fondo transparente.

La imagen del planeta que el cohete debe evitar se almacena con el nombre PLANETA.png.

6.2 La ventana del juego

Crear la ventana del juego es el primer paso. Esta es la ventana que aloja los elementos gráficos que componen el juego.

Como era de prever, empezamos importando Pygame:

```
import pygame
```

Seguidamente, inicializamos Pygame:

```
pygame.init()
```

Las dos líneas anteriores están sistemáticamente presentes cuando se usa Pygame.

Ahora vamos a definir las dimensiones de la ventana:

```
ALTURA_VENTANA = 600
ANCHURA_VENTANA = 600
```

Ahora, definimos el color de fondo de la ventana:

```
COLOR_FONDO = (255, 255, 255)
```

Y finalmente, usamos el comando de visualización de la ventana:

```
VENTANA = pygame.display.set_mode((ANCHURA_VENTANA, ALTURA_VENTANA))
```

Si ejecuta el programa, la ventana del juego se muestra con un fondo blanco. No se proporciona ninguna indicación sobre la duración de la visualización, por lo que vemos que se abre y se cierra durante una fracción de segundo.

6.3 El bucle del juego

Para definir el bucle del juego, comenzamos definiendo un booleano: si su valor es `True`, el bucle continúa y de lo contrario, se detiene.

```
PARAR_JUEGO = False
```

La función `pygame.event.get()` se utiliza para interceptar todos los eventos entrantes, incluidos los del teclado, el ratón, etc. Si se pulsa la tecla [Esc], el juego se interrumpe. Esto es posible utilizando los siguientes eventos de teclado: tecla presionada (`pygame.KEYDOWN`) y tecla [Esc] (`pygame.K_ESCAPE`).

Por lo tanto, definimos el bucle del juego de la siguiente manera:

```
while not PARAR_JUEGO:
    for event in pygame.event.get():
        if event.type == pygame.KEYDOWN:
            if event.key == pygame.K_ESCAPE:
                PARAR_JUEGO = True
```

En este punto, el código es el siguiente:

```
import pygame
pygame.init()
ALTURA_VENTANA = 600
ANCHURA_VENTANA = 600
COLOR_FONDO = (255, 255, 250)
PANTALLA = pygame.display.set_mode((ANCHURA_VENTANA, ALTURA_VENTANA))
# booleano de gestión del bucle
PARAR_JUEGO = False
while not PARAR_JUEGO:
    for event in pygame.event.get():
        if event.type == pygame.KEYDOWN:
            if event.key == pygame.K_ESCAPE:
                PARAR_JUEGO = True
```

Se muestra la ventana y se detiene la visualización tan pronto como se presiona [Esc]. Todavía estamos bastante lejos de algo divertido. Así que vayamos al grano y comencemos a hablar de cohetes y planetas.

6.4 El sistema de coordenadas Pygame

En Python/Pygame, pero en última instancia en el diseño gráfico por ordenador en general, el sistema de coordenadas es el siguiente:

- La pantalla está equipada con un sistema de coordenadas ortonormales.
- El origen del sistema de coordenadas, el punto (0, 0) es el punto superior izquierdo de la pantalla.
- El eje y es el eje vertical orientado hacia abajo.
- El eje x es el eje horizontal orientado hacia la derecha.

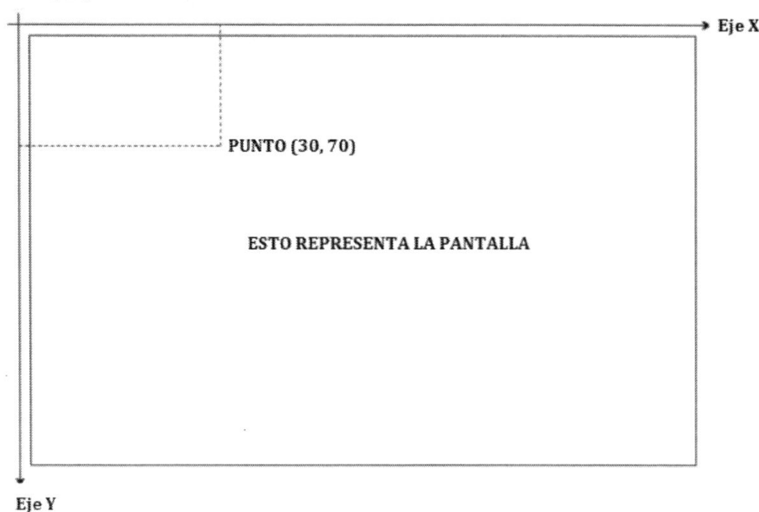

Diagrama explicando el sistema de coordenadas Pygame

6.5 Variables del juego

Como era de esperar, tendremos variables relacionadas con el cohete que mueve el jugador, variables relacionadas con los dos planetas que "caen" del cielo y variables más transversales que se utilizan para contar puntos.

```
# Variables COHETE
XX_COHETE = 210
YY_COHETE = 300
ANCHURA_COHETE = 88
ALTURA_COHETE = 175
MOVIMIENTO_XX_COHETE = 0


# Variables PLANETAS
XX_PLANETA = randint(30, 130)
YY_PLANETA = 20
ANCHURA_PLANETA = 111
ALTURA_PLANETA = 80
XX_ENTRE_PLANETAS = 350
YY_ENTRE_PLANETA = 125
VELOCIDAD_PLANETAS = 3

# Puntos y otros
PUNTOS = 0
FUENTE = pygame.font.Font(None, 24)
PUNTUACION = FUENTE.render("0 puntos", 1, (255, 0, 0))

# IMÁGENES
IMG_COHETE = pygame.image.load("img/COHETE.png")
IMG_PLANETA_IZQUIERDA = pygame.image.load("img/PLANETA.png")
IMG_PLANETA_DERECHA = pygame.image.load("img/PLANETA.png")
```

Observación

Como recordatorio, los comentarios en Python utilizan como prefijo el carácter almohadilla (#).

6.5.1 Variables relacionadas con el cohete

Se especifica que la imagen del cohete tiene su esquina superior izquierda colocada en un punto de coordenadas iniciales (`XX_COHETE`, `YY_COHETE`), sabiendo que la imagen en sí tiene un tamaño fijo de `ANCHURA_COHETE` por `ALTURA_COHETE`. El jugador mueve la posición del cohete, por lo que la coordenada `XX_COHETE` varía (`YY_COHETE` permanece constante, porque el movimiento se realiza lateralmente, de izquierda a derecha únicamente). Para terminar, `MOVIMIENTO_XX_COHETE` se corresponde con el movimiento lateral del cohete en cada iteración del bucle del juego. Su valor es negativo (desplazamiento a la izquierda) o positivo (desplazamiento a la derecha).

6.5.2 Variables relacionadas con los dos planetas que "caen"

De una manera relativamente similar, definimos la esquina izquierda de la primera imagen del planeta. Su posición inicial debe diferir en cada iteración para crear un efecto de sorpresa. Este es el motivo por el que ponemos la aleatoriedad en su posición, eligiendo al azar su abscisa. Simplemente queremos que este valor del eje x esté comprendido entre 30 y 130. Un valor aleatorio como este, se escribe usando la función Python `randint`:

```
XX_PLANETA = randint(30, 130)
```

`randint` es una función del módulo `random`, por lo que en primer lugar es necesario importar al código el módulo `random`:

```
from random import *
```

Además de `XX_PLANETA`, se asigna valor a `YY_PLANETA`. En cuanto al cohete, definimos un ancho y alto de la imagen de cada planeta: `ANCHURA_PLANETA` y `ALTURA_PLANETA`. Entonces podemos definir fácilmente la posición del segundo planeta gracias a `XX_ENTRE_PLANETAS` e `YY_ENTRE_PLANETAS`. Finalmente, la velocidad de movimiento vertical de los planetas se establece en 5, usando la variable `VELOCIDAD_PLANETAS`.

6.5.3 Variables relacionadas con el conteo de puntos

Se definen otras tres variables: una variable entera `PUNTOS` que contiene el número de puntos obtenidos, una variable `FUENTE` que define el tipo de fuente utilizada, en particular para la visualización en tiempo real del número de puntos obtenidos, gracias a la variable `PUNTUACION`.

6.5.4 Variables relativas a las imágenes

Aquí, se trata de cargar las imágenes apropiadas para cada uno de los tres objetos gráficos, a saber, el cohete y los dos planetas que caen.

```
IMG_COHETE = pygame.image.load("img/COHETE.png")
IMG_PLANETA_IZQUIERDA = pygame.image.load("img/PLANETA.png")
IMG_PLANETA_DERECHA = pygame.image.load("img/PLANETA.png")
```

Se utiliza una sola imagen para los dos objetos gráficos de planetas. Por supuesto, podríamos haber tomado dos imágenes diferentes para los dos planetas.

Si representamos gráficamente las diferentes variables aquí presentadas, obtenemos esta representación:

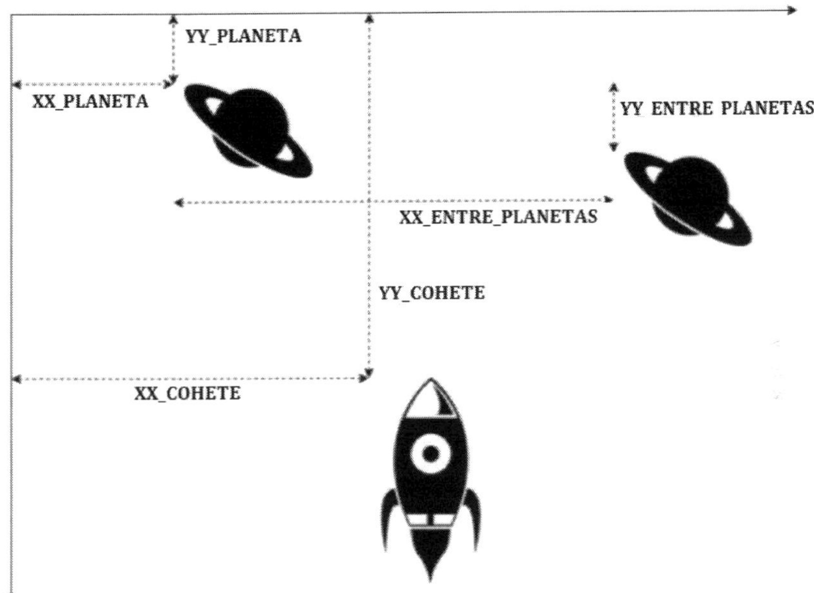

Antes de ver el algoritmo del juego, aquí está el código del programa:

```
import pygame
from random import *

pygame.init()

ALTURA_VENTANA = 600
ANCHURA_VENTANA = 600

COLOR_FONDO = (255, 255, 250)
PANTALLA = pygame.display.set_mode((ANCHURA_VENTANA, ALTURA_VENTANA))

# booleano de gestión del bucle
PARAR_JUEGO = False

# Variables COHETE
XX_COHETE = 210
YY_COHETE = 300
ANCHURA_COHETE = 88
ALTURA_COHETE = 175
MOVIMIENTO_XX_COHETE = 0


# Variables PLANETAS
XX_PLANETA = randint(30, 130)
```

```
YY_PLANETA = 20
ANCHURA_PLANETA = 111
ALTURA_PLANETA = 80
XX_ENTRE_PLANETAS = 350
YY_ENTRE_PLANETA = 125
VELOCIDAD_PLANETAS = 3

# Puntos y otros
PUNTOS = 0
FUENTE = pygame.font.Font(None, 24)
PUNTUACION = FUENTE.render("0 puntos", 1, (255, 0, 0))

# IMAGENES
IMG_COHETE = pygame.image.load("img/COHETE.png")
IMG_PLANETA_IZQUIERDA = pygame.image.load("img/PLANETA.png")
IMG_PLANETA_DERECHA = pygame.image.load("img/PLANETA.png")

pygame.display.set_caption("PRIMER JUEGO")

while not PARAR_JUEGO:
   for event in pygame.event.get():

       if event.type == pygame.KEYDOWN:
           if event.key == pygame.K_ESCAPE:
               PARAR_JUEGO = True
```

6.6 Los movimientos del cohete

Para simplificar tanto como sea posible el movimiento del cohete, hacemos la siguiente elección:

- Cuando se pulsa la tecla [Flecha derecha] del teclado, el cohete va hacia la derecha.
- Cuando se suelta la tecla [Flecha derecha] del teclado, el cohete va hacia la izquierda.

Por lo tanto, es necesario detectar el evento del teclado, probar que se refiere a la tecla [Flecha derecha] y verificar que se trata de una pulsación en la tecla o el final de la pulsación de la tecla.

En pseudocódigo, tenemos la siguiente secuencia:

- Se prueba el evento actual.
  - Si se trata de la pulsación de una tecla y si esta tecla es [Flecha derecha], entonces asignamos el valor 4 a `MOVIMIENTO_XX_COHETE`.
  - Si se trata de la liberación de una tecla (especialmente de la [Flecha derecha]), entonces asignamos el valor -4 a `MOVIMIENTO_XX_COHETE`.

Esto se puede escribir en Python de la siguiente manera:

```
for event in pygame.event.get():

   if event.type == pygame.KEYDOWN:

       if event.key == pygame.K_RIGHT:
           MOVIMIENTO_XX_COHETE = 4

   elif event.type == pygame.KEYUP:
       MOVIMIENTO_XX_COHETE = -4
```

Ahora se trata de modificar la visualización del cohete en función del tratamiento anterior.

Comenzamos actualizando la coordenada x del cohete:

```
XX_COHETE = XX_COHETE + MOVIMIENTO_XX_COHETE
```

Posteriormente, se indica a Pygame que muestre el cohete en función de las coordenadas actualizadas:

```
PANTALLA.blit(IMG_COHETE, (XX_COHETE, YY_COHETE))
```

En el bucle del juego, finalmente se le dice a Pygame que actualice todos los objetos gráficos que son susceptibles de haber cambiado durante la iteración actual, que obviamente implica al cohete:

```
pygame.display.update()
```

6.7 Los movimientos de los planetas

La idea aquí es mostrar dos planetas en la parte superior de la ventana: descienden y, por lo tanto, es para que el cohete los evite.

En pseudocódigo, tenemos la siguiente secuencia dentro del bucle de juego:

- Los dos planetas se muestran en las siguientes coordenadas respectivas (XX_PLANETA, YY_PLANETA) y (XX_PLANETA + XX_ENTRE_PLANETAS, YY_ENTRE_PLANETAS).
- Actualizamos XX_PLANETA agregando VELOCIDAD_PLANETAS.

  Comprobamos si se alcanza la parte inferior de la ventana:
  - Si es así, restablecemos XX_PLANETA e YY_PLANETA para que en la próxima iteración comience desde arriba.
  - La puntuación se puede actualizar.

```
PANTALLA.blit(IMG_PLANETA_IZQUIERDA, (XX_PLANETA, YY_PLANETA))
PANTALLA.blit(IMG_PLANETA_DERECHA, (XX_PLANETA + XX_ENTRE_PLANETAS,
YY_PLANETA + YY_ENTRE_PLANETAS))

YY_PLANETA = YY_PLANETA + VELOCIDAD_PLANETAS

if YY_PLANETA > ALTURA_VENTANA:
   XX_PLANETA = randint(55, 150)
   YY_PLANETA = 25
   PUNTOS = PUNTOS + 1
   PUNTUACION = FUENTE.render(str(PUNTOS) + " points", 1, (255, 0, 0))
```

Observación

Tenga en cuenta que la prueba que consiste en verificar si que el primer planeta todavía no ha llegado o no a la parte inferior de la ventana, es lo que se llama gestión de colisiones. En este caso, comprobamos si el planeta ha alcanzado la parte inferior de la ventana y, de ser así, gestionamos la situación reposicionando el planeta en la parte superior de la ventana.

6.8 Colisiones

Ya hemos gestionado una colisión: la del primer planeta con el borde inferior de la ventana.

También tenemos que lidiar con las dos situaciones de colisión siguientes:

- Cuando el cohete alcanza el borde izquierdo o derecho de la ventana.
- Cuando el cohete se encuentra con uno de los dos planetas que es, precisamente, el reto de este pequeño videojuego.

El primer punto lo proporciona la siguiente gestión de colisiones:

```
if XX_COHETE < -10 or XX_COHETE > ANCHURA_VENTANA:
   PARAR_JUEGO = True
```

El segundo punto lo proporciona el siguiente código, en el que verificamos el encuentro del cohete con cada uno de los dos planetas:

```
# PLANETA IZQUIERDO COLISIÓN
PUNTO_INFERIOR_DERECHO_PRIMER_PLANETA_X = XX_PLANETA + ANCHURA_PLANETA
PUNTO_INFERIOR_DERECHO_PRIMER_PLANETA_Y = YY_PLANETA + ALTURA_PLANETA

if PUNTO_INFERIOR_DERECHO_PRIMER_PLANETA_X > XX_COHETE:
   if PUNTO_INFERIOR_DERECHO_PRIMER_PLANETA_Y > YY_COHETE:
       if PUNTO_INFERIOR_DERECHO_PRIMER_PLANETA_Y < YY_COHETE + ALTURA_COHETE:
           PARAR_JUEGO = True

# PLANETA DERECHO COLISIÓN
PUNTO_INFERIOR_IZQUIERDO_SEGUNDO_PLANETA_X = XX_PLANETA + XX_ENTRE_PLANETAS
PUNTO_INFERIOR_IZQUIERDO_SEGUNDO_PLANETA_Y = YY_PLANETA + YY_ENTRE_PLANETAS +
ALTURA_PLANETA

if XX_COHETE + ANCHURA_COHETE > PUNTO_INFERIOR_IZQUIERDO_SEGUNDO_PLANETA_X:
  if XX_COHETE < PUNTO_INFERIOR_IZQUIERDO_SEGUNDO_PLANETA_Y:
```

```
        if XX_COHETE + ALTURA_COHETE > PUNTO_INFERIOR_IZQUIERDO_SEGUNDO_PLANETA_Y:
            PARAR_JUEGO = True
```

6.9 El código completo

Aquí está el código completo del juego Cohete y planetas:

```
import pygame
from random import randint

pygame.init()

ALTURA_VENTANA = 600
ANCHURA_VENTANA = 600

COLOR_FONDO = (255, 255, 250)
PANTALLA = pygame.display.set_mode((ANCHURA_VENTANA, ALTURA_VENTANA))

# booleano de gestión del bucle
PARAR_JUEGO = False

# Variables COHETE
XX_COHETE = 210
YY_COHETE = 300
ANCHURA_COHETE = 88
ALTURA_COHETE = 175
MOVIMIENTO_XX_COHETE = 0


# Variables PLANETAS
XX_PLANETA = randint(30, 130)
YY_PLANETA = 20
ANCHURA_PLANETA = 111
ALTURA_PLANETA = 80
XX_ENTRE_PLANETAS = 350
YY_ENTRE_PLANETAS = 125
VELOCIDAD_PLANETAS = 3

# Puntos y otros
PUNTOS = 0
FUENTE = pygame.font.Font(None, 24)
PUNTUACION = FUENTE.render("0 points", 1, (255, 0, 0))

# IMÁGENES
IMG_COHETE = pygame.image.load("img/COHETE.png")
IMG_PLANETA_IZQUIERDA = pygame.image.load("img/PLANETA.png")
IMG_PLANETA_DERECHA = pygame.image.load("img/PLANETA.png")

pygame.display.set_caption("PRIMER JUEGO")

while not PARAR_JUEGO:
   for event in pygame.event.get():

       if event.type == pygame.KEYDOWN:
           if event.key == pygame.K_ESCAPE:
               PARAR_JUEGO = True
           if event.key == pygame.K_RIGHT:
               MOVIMIENTO_XX_COHETE = 4
```

```
        elif event.type == pygame.KEYUP:
            MOVIMIENTO_XX_COHETE = -4


        if XX_COHETE < -10 or XX_COHETE > ANCHURA_VENTANA:
            PARAR_JUEGO = True

    PANTALLA.fill(COLOR_FONDO)

    PANTALLA.blit(IMG_PLANETA_IZQUIERDA, (XX_PLANETA, YY_PLANETA))
    PANTALLA.blit(IMG_PLANETA_DERECHA, (XX_PLANETA + XX_ENTRE_PLANETAS,
YY_PLANETA + YY_ENTRE_PLANETAS))

    YY_PLANETA = YY_PLANETA + VELOCIDAD_PLANETAS

    if YY_PLANETA > ALTURA_VENTANA:
        XX_PLANETA = randint(55, 150)
        YY_PLANETA = 25
        PUNTOS = PUNTOS + 1
        PUNTUACION = FUENTE.render(str(PUNTOS) + " puntos", 1, (255, 0, 0))

    # PLANETA IZQUIERDO COLISIÓN
    PUNTO_INFERIOR_DERECHO_PRIMER_PLANETA_X = XX_PLANETA + ANCHURA_PLANETA
    PUNTO_INFERIOR_DERECHO_PRIMER_PLANETA_Y = YY_PLANETA + ALTURA_PLANETA

    if PUNTO_INFERIOR_DERECHO_PRIMER_PLANETA_X > XX_COHETE:
        if PUNTO_INFERIOR_DERECHO_PRIMER_PLANETA_Y > YY_COHETE:
            if PUNTO_INFERIOR_DERECHO_PRIMER_PLANETA_Y < YY_COHETE +
ALTURA_COHETE:
                PARAR_JUEGO = True

    # PLANETA DERECHO COLISIÓN
    PUNTO_INFERIOR_IZQUIERDO_SEGUNDO_PLANETA_X = XX_PLANETA + XX_ENTRE_PLANETAS
    PUNTO_INFERIOR_IZQUIERDO_SEGUNDO_PLANETA_Y = YY_PLANETA + YY_ENTRE_PLANETAS +
ALTURA_PLANETA

    if XX_COHETE + ANCHURA_COHETE > PUNTO_INFERIOR_IZQUIERDO_SEGUNDO_PLANETA_X:
        if XX_COHETE < PUNTO_INFERIOR_IZQUIERDO_SEGUNDO_PLANETA_Y:
            if XX_COHETE + ALTURA_COHETE >
PUNTO_INFERIOR_IZQUIERDO_SEGUNDO_PLANETA_Y:
                PARAR_JUEGO = True

    XX_COHETE = XX_COHETE + MOVIMIENTO_XX_COHETE
    PANTALLA.blit(PUNTUACION, (20, 580))
    PANTALLA.blit(IMG_COHETE, (XX_COHETE, YY_COHETE))
    pygame.display.update()
```

A continuación, se muestra una captura de pantalla del juego:

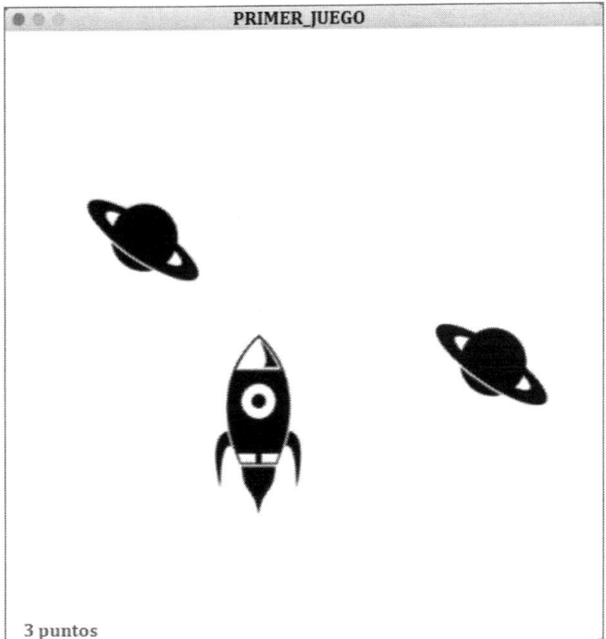

Este primer ejemplo relativamente simple demuestra:

- la gran potencia de Pygame, que hace posible hacer un juego en tiempo real en solo unas pocas líneas de código,
- el frecuente uso de un bucle de juego en los videojuegos,
- la importancia de gestionar las distintas colisiones en este tipo de código

Desde el punto de vista de Pygame, este ejemplo aborda varias funciones que son particularmente útiles para el futuro:

- `pygame.init()` inicializa el entorno Pygame.
- `pygame.display.set_mode()` crea la ventana del juego.
- `for event in pygame.event.get()` es el bucle de adquisición de eventos, aquí procedentes del teclado.
- `pygame.image.load()` carga y muestra las imágenes.
- `blit()` posiciona la imagen en una posición determinada.
- `pygame.display.update()` actualiza la ventana del juego con cada iteración del bucle del juego.

Este primer ejemplo demuestra la relativa simplicidad del desarrollo de Python/Pygame. En unas pocas docenas de líneas de código, obtenemos un juego relativamente elaborado.

Capítulo 4

Estructura de un juego Pygame

1. Introducción

En el capítulo anterior presentamos un primer ejemplo sencillo basado en Pygame. Esto nos permitió introducir de manera concreta la noción de bucle de juego, en el que vamos a profundizar en este capítulo.

En primer lugar, estudiaremos la estructura habitual de un videojuego Pygame. De esta manera, veremos cómo podemos inicializar el juego, definir la pantalla y, por tanto, el espacio dedicado al juego. También veremos cómo implementar un bucle de juego y gestionar el tiempo. Finalmente, explicaremos cómo se maneja el proceso de refresco en Pygame. Aprovecharemos para explicar la gestión de colores en código RGB (*Red-Green-Blue*), así como el sistema de coordenadas que se utiliza. Un sistema de coordenadas es el que nos permite identificar la ubicación precisa de un objeto dentro de la ventana del juego.

El objetivo aquí es adquirir todos los conocimientos básicos necesarios para afrontar correctamente el capítulo Diseño y grafismo en todos sus estados con Pygame.

2. Inicialización

Como cualquier módulo o librería utilizada en un programa Python, debe importar Pygame:

```
import pygame
```

Al principio del programa, se trata de inicializar Pygame escribiendo la siguiente línea:

```
pygame.init()
```

3. Ayuda en la línea de comandos

Por supuesto, cada vez que utilice una función de Pygame, puede intentar obtener más información sobre la sintaxis y los argumentos esperados consultando la ayuda en línea.

Por ejemplo, la documentación relacionada con `pygame.init()` está disponible en la dirección https://www.pygame.org/docs/ref/pygame.html#pygame.init

Pero también se puede obtener información directamente en el terminal de Python, utilizando el comando `help`. Por ejemplo, si escribe esto:

```
help("pygame.init")
```

Obtenemos esta breve descripción de la función y su uso.

```
pygame.init = init(...)
    init() -> (numpass, numfail)
    initialize all imported pygame modules
```

4. Visualización de la ventana

La gestión del tiempo viene inmediatamente a la mente cuando se piensa en diseñar un videojuego. Sin embargo, la gestión del espacio es igual de importante.

De hecho, es necesario pensar en el perímetro físico del juego y, por lo tanto, definir muy rápidamente el tamaño de la ventana del juego. De esta manera, gracias a la función `set_mode`, definimos una ventana de 600 píxeles de ancho por 400 píxeles de alto. También proponemos añadir un título en la ventana, gracias a la función `set_caption`.

```
VENTANA = pygame.display.set_mode((600, 400))
pygame.display.set_caption("Mi ventana")
```

Tenga en cuenta que escribir `((600, 400))` significa que se pasa una tupla como argumento. Volveremos sobre esta noción de tupla más adelante.

¿Qué más puede hacer `set_mode`? Es suficiente con consultar la ayuda para averiguarlo. Escriba esta instrucción en la línea de comandos:

```
help("pygame.display.set_mode")
```

Y obtiene la siguiente información:

```
pygame.display.set_mode = set_mode(...)
    set_mode(size=(0, 0), flags=0, depth=0, display=0) -> Surface
    Initialize a window or screen for display
```

Vemos que además de la tupla `size` que ya utilizamos, tenemos otros argumentos, como los `flags`, que son particularmente útiles.

4.1 La tupla size de set_mode

Observación

Una tupla en Python se puede ver como una lista (ver capítulo Nociones avanzadas del lenguaje Python), pero con la salvedad de que esta colección no es editable.

Tomemos como ejemplo la creación de una tupla para ilustrar la sintaxis que se debe utilizar.

```
tupla = ('A', 'B', 'C', 'D')
```

Si intenta modificar alguno de los elementos de la tupla, obtendrá un error Python de este tipo, lo que tiene mucho sentido ya que una tupla no es editable.

```
TypeError: 'tupla' object does not support item assignment
```

La tupla `size` permite definir la anchura y la altura de la ventana del juego, en este caso 600 píxeles de ancho por 400 píxeles de alto. Así que tenemos una tupla definida de la siguiente manera:

```
size = (600, 400)
```

4.2 El argumento flags de set_mode

El argumento `flags` permite definir uno o más comportamientos, ya que se pueden combinar.

Los principales valores que se pueden utilizar son:

- `pygame.FULLSCREEN`
- `ppygame.DOUBLEBUF`
- `ppygame.HWSURFACE`
- `pygame.OPENGL`

- pygame.RESIZABLE
- pygame.NOFRAME

Por lo tanto, si queremos una visualización de pantalla completa predeterminada (pygame.FULLSCREEN) y que las dimensiones de la ventana se puedan modificar por la persona que utiliza el programa (pygame.RESIZABLE), escribiremos flags de la siguiente manera:

```
flags =  pygame.FULLSCREEN |  pygame.RESIZABLE
```

El código del programa podría parecerse a este:

```
import pygame
pygame.init()
size = (600, 400)
flags = pygame.FULLSCREEN | pygame.RESIZABLE
VENTANA = pygame.display.set_mode(size, flags)
pygame.display.set_caption("Mi ventana")
```

5. Recordatorios respecto al bucle de juego

Un bucle de juego (*game loop*) es un bucle infinito que se interrumpirá al cumplir ciertos criterios. La noción está asociada de alguna manera con una especie de reloj interno del juego. De esta manera, en cada iteración del bucle del juego podemos mover a un personaje o tener en cuenta que un objeto ha alcanzado a otro o que se ha cruzado la línea de llegada, lo que quiere decir que la partida ha terminado. Por lo tanto, cada iteración es una oportunidad para actualizar todos los datos relacionados con el estado actual de la partida. Esquemáticamente, en cada iteración se realizan las siguientes tareas:

1. Comprobar que no se alcanzan las condiciones de parada, en cuyo caso se interrumpe el bucle.
2. Actualizar los recursos necesarios para la iteración actual.
3. Obtener las entradas del sistema o de la interacción con el jugador.
4. Actualizar todas las entidades que caracterizan el juego.
5. Refrescar la pantalla.

6. Superficies Pygame

6.1 Definición de una superficie

En Pygame la noción de superficie es fundamental, porque la manipulación de este elemento geométrico es un aspecto importante y consecuente del desarrollo de videojuegos. Una superficie es una línea o un polígono que se muestra en la pantalla. Este polígono se puede rellenar de color o no. Apenas hay límites en las dimensiones de una superficie Pygame, ni siquiera límites en el número de superficies que se pueden manipular en el juego. Por lo tanto, se entiende que una parte importante de la gestión gráfica consistirá en crear y manipular superficies de Pygame.

En Pygame, la superficie se corresponde con la visualización de un polígono de color o una línea discontinua o una imagen (como en el ejemplo Cohete y planetas del capítulo Conceptos del videojuego y primeros pasos con Pygame), o la visualización de texto superpuesto. Estos pocos ejemplos son implementaciones de superficies de Pygame.

Una superficie se crea de diferentes maneras, dependiendo del tipo de superficies que desee mostrar:

- `image.load()` cuando se trata de una imagen.
- `font.render()` cuando se trata de mostrar texto.
- `pygame.Surface()` para una superficie que no es nada especial para la creación.
- `pygame.display.set_mode()` para la ventana del juego, que también es una superficie (un poco particular).

La página de documentación en línea del objeto `Surface`, ubicada en la dirección https://www.pygame.org/docs/ref/surface.html, ofrece una gran cantidad de funciones y algunas se detallarán más adelante. Ya podemos citar a `blit`, que permite mover una superficie de tipo imagen y `fill`, que permite rellenar una superficie con un color de fondo dado. Estas dos funciones también se han utilizado en el ejemplo de Cohete y planetas en el capítulo Conceptos del videojuego y primeros pasos con Pygame.

6.2 La ventana del juego, una superficie particular

La noción de superficie también incluye la propia ventana del juego, creada previamente. De hecho, cuando escribimos la siguiente línea, lo que estamos haciendo es crear una superficie.

```
ventana = pygame.display.set_mode((400, 400))
```

Para terminar, creamos la superficie en el sentido de Pygame, que representa el perímetro del juego en sí. Esto algunas veces se denomina ventana gráfica o ventana de visualización. Esta súper-superficie en cierto modo, o al menos la superficie original, es necesariamente única. La tecnología SDL (*Simply DirectMedia Layer*) que utiliza Pygame impone esta unicidad.

6.3 Ejemplo de manipulación de una superficie

La línea de código anterior que crea la ventana del juego es una primera manera de crear una superficie, ciertamente un poco especial.

También se puede manipular como una superficie, como se demuestra en el siguiente ejemplo.

```
import pygame
pygame.init()
pygame.display.set_caption(u'Surface')
ventana = pygame.display.set_mode((400, 400))

azul = (0, 0, 255)
azul_superficie = pygame.Surface((400, 400))
azul_superficie.fill(azul)
ventana.blit(azul_superficie, (0, 0))

pygame.display.flip()

while True:
 event = pygame.event.wait()
   if event.type == pygame.QUIT:
     break

pygame.quit()
```

Este código se utiliza para colorear el fondo de la ventana mostrada de azul.

Definimos una superficie que se corresponde con el tamaño de la ventana.

```
azul_superficie = pygame.Surface((400, 400))
```

La coloreamos de azul.

```
azul_superficie.fill.(azul)
```

La colocamos en las coordenadas (0,0), es decir, en la esquina superior izquierda de la ventana mostrada.

```
ventana.blit(azul_superficie, (0, 0))
```

Actualizamos la visualización de la ventana.

```
pygame.display.flip()
```

Salimos de la ventana del juego solo si el usuario realiza una acción soportada por el siguiente código:

```
while True:
 event = pygame.event.wait()
   if event.type == pygame.QUIT:
     break

pygame.quit()
```

6.4 Manipulación de superficies

Queremos colorear el fondo de la ventana. Por lo tanto, en la siguiente línea retomamos las dimensiones de la anchura y altura de la ventana en sí.

```
azul_superficie = pygame.Surface((400, 400))
```

Podríamos haber usado la función get_size, reemplazando la línea anterior con lo siguiente:

```
FONDO = pygame.Surface(ventana.get_size())
```

6.5 ¿Superficie o copia de superficie?

En este ejemplo, se ha cambiado directamente el color de fondo de la superficie relativa a la ventana del juego. Pero podríamos haber coloreado fácilmente una copia de esta última, copia que se puede realizar con la función convert.

```
azul_superficie = pygame.Surface((400, 400))
azul_superficie = azul_superficie.convert()
azul_superficie.fill(azul)
```

La función de la línea que utiliza convert es precisamente hacer una copia de la superficie y no trabajar directamente sobre la primera instancia de Surface.

Sobre todo, la superficie resultante de la llamada de convert es relativa al espacio de color y, por lo tanto, a la forma de guardar el color asociado a cada pixel. Esto es especialmente cierto para la carga de imágenes (función pygame.image.load), ya que es una buena práctica llamar de manera sistemática a convert cuando se carga una imagen. De lo contrario, SDL realizará un costoso trabajo de conversión posterior.

Por lo tanto, en términos de rendimiento del juego, es preferible escribir esto:

```
superficieImagen = pygame.image.load("MiImagen.jpg").convert()
```

En lugar de escribir esto:

```
superficieImagen = pygame.image.load("MiImagen.jpg")
```

Obviamente, tendremos la oportunidad de desarrollar este aspecto en el capítulo Diseño y grafismo en todos sus estados con Pygame dedicado, entre otras cosas, a la visualización de imágenes.

6.6 Dar color a la superficie

Para colorear la superficie con el color azul, escriba.

```
azul_superficie.fill(azul)
```

Utilice la función `fill` para "rellenar " una superficie con un color determinado. La codificación de este color se describe en la sección Gestión del color.

7. Gestión del color

La gestión del color es un problema relacionado con las superficies cuyo interior algunas veces queremos colorear, pero es específico del desarrollo de Pygame en general y, por extensión, del desarrollo de Python.

Si volvemos a este fragmento de código:

```
azul = (0, 0, 255)
azul_superficie.fill(azul)
```

Vemos que un color se define por una tupla de tres cantidades numéricas. Cada una de estas cantidades es un número entero entre 0 y 255, lo que permite 256 valores posibles.

Tenemos 2563 (256 elevado a 3) posibilidades, por lo que en total hay 16 777 216 posibles variaciones de color. Esto es mucho más de lo que el ojo humano puede distinguir.

Este sistema de codificación se llama codificación RGB (*Red Green Blue*, rojo-verde-azul). De hecho, cada componente de la tupla es, respectivamente, una modificación de rojo, verde y azul.

De esta manera:

(0, 0, 0) se corresponde con el negro.

(255, 255, 255) se corresponde con el blanco.

(255,0, 0) se corresponde con el rojo primario.

(0, 255, 0) se corresponde con el verde primario.

(0, 0, 255) se corresponde con el azul primario.

Hay muchas aplicaciones en línea que permiten elegir la tupla correspondiente al color deseado. Puede ver un ejemplo en la dirección:
https://www.rapidtables.com/web/color/RGB_Color.html

La documentación del módulo `Color` de Pygame está disponible en el capítulo Principales módulos de Pygame.

Observación

Tenga en cuenta que en el momento de escribir este libro, el desarrollo de Pygame en macOS algunas veces presenta el siguiente funcionamiento incorrecto: una visualización no operativa de colores en ciertas situaciones. El siguiente enlace aborda el tema y sugiere varias formas de evitarlo: https://github.com/pygame/pygame/issues/555

8. Sistema de coordenadas

Consideramos un sistema de coordenadas ortonormal, cuyo origen (0,0) es el punto superior izquierdo de la ventana del juego. El eje horizontal x es el eje orientado de izquierda a derecha, mientras que el eje vertical y está orientado de arriba a abajo.

Modifiquemos un poco el código anterior para mostrar una superficie rectangular nueva, roja esta vez, que permite especificar las diferentes coordenadas involucradas.

```
import pygame

azul = (0, 0, 255)
rojo = (255, 0, 0)

pygame.init()
pygame.display.set_caption(u'Surface')
ventana = pygame.display.set_mode((400, 400))

azul_superficie = pygame.Surface((400, 400))
azul_superficie.fill(azul)

rojo_superficie = pygame.Surface((120, 240))
rojo_superficie.fill(rojo)

ventana.blit(azul_superficie, (0, 0))
ventana.blit(rojo_superficie, (50, 100))

pygame.display.flip()

while True:
  event = pygame.event.wait()
    if event.type == pygame.QUIT:
      break

pygame.quit()
```

No cambiamos nada en la visualización de la ventana, cuyo fondo es siempre azul. Al contrario, añadimos un rectángulo rojo dentro de esta ventana.

El posicionamiento de los puntos superiores izquierdos de los rectángulos, se realiza gracias a la función `blit`. La función `flip` provoca el refresco de la ventana y, por lo tanto, la visualización actualizada de las superficies.

A continuación, se muestra la captura de pantalla de la ventana del juego.

Ventana de juego

Si tratamos de representar las diversas coordenadas involucradas obtenemos el siguiente diagrama, que incluye las diversas cantidades (coordenadas, anchuras y alturas) del ejemplo.

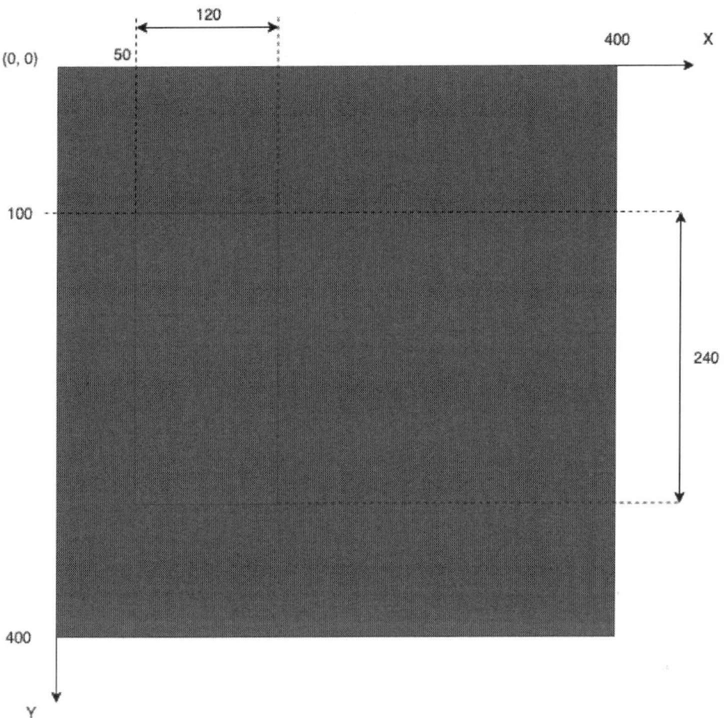

9. Gestión del tiempo y los eventos

9.1 Gestión del tiempo en Pygame

La gestión del tiempo es la relación con el tiempo, que tiene una gran importancia en el desarrollo de videojuegos y, por lo tanto, obviamente en Pygame.

Observación

La documentación del módulo `time` de Pygame está disponible en el capítulo Principales módulos de Pygame.

Este módulo ofrece varias funciones que permiten cronometrar la sesión actual (desde el `init`) o pausar la ejecución, por ejemplo. Para hacer esto se utilizan las dos funciones siguientes:

- `pygame.time.get_ticks`
- `pygame.time.wait` o `pygame.time.delay`

El módulo `pygame.time` también incluye un objeto `Clock`, que permite ir más allá en la gestión del tiempo. La documentación oficial en línea para este objeto `Clock` está en:
https://www.pygame.org/docs/ref/time.html#pygame.time.Clock

Observación

Tenga en cuenta que, en términos de tipografía, la nomenclatura de las funciones en Pygame comienza con una letra minúscula. La nomenclatura de los objetos (como `Surface` o `Clock`) comienza con una letra mayúscula. Esta es una buena manera de saber, de un solo vistazo, con qué tipo de objeto estamos trabajando.

La función `tick` de `Clock` (`pygame.time.Clock.tick`) permite actualizar el reloj asociado con el juego actual. Se llama cada vez que se actualiza la pantalla del juego y `tick` permite especificar el número máximo de fotogramas (imágenes) que se muestran por segundo y, por lo tanto, limitar y controlar la velocidad de ejecución del juego.

Por lo tanto, si insertamos en un bucle de juego la siguiente línea, garantizamos que nunca se irá "más rápido" de cincuenta fotogramas por segundo.

```
Clock.tick(50)
```

Observación

Independientemente de la plataforma en la que programe, la velocidad de visualización será necesariamente superior a treinta fotogramas por segundo, que es un mínimo.

Observación

La función `tick` implementa la función SDL denominada `SDL_Delay`. Esta última no está necesariamente presente en todas las plataformas, en cuyo caso `tick` deja de funcionar.

9.2 Gestión de eventos en Pygame

Como hemos visto, hay diferentes formas para que el programa sepa que se ha desencadenado un evento. Esta es una pregunta central en el desarrollo de videojuegos. De hecho, la dimensión lúdica existe gracias a las interacciones entre humanos y máquinas. Por lo tanto, es esencial que los programas puedan conocer inmediatamente las acciones del jugador a través del teclado, el ratón, el joystick o cualquier otro periférico. En el capítulo Conceptos del videojuego y primeros pasos con Pygame, discutimos la función `pygame.event.get()`. En esta sección, también veremos la función `pygame.event.wait()` y para terminar, haremos un breve comentario de la función `pygame.event.poll()`.

Estas tres funciones permiten informar al programa de varios eventos que han ocurrido. Por supuesto, hay algunos matices entre sus respectivos funcionamientos.

Observación

La documentación del módulo `event` de Pygame está disponible en el capítulo Principales módulos de Pygame.

9.2.1 La función pygame.event.get

Esta función permite obtener todos los eventos en espera de ser procesados y que están disponibles en una cola. Si no hay ninguno, entonces se obtiene una colección vacía.

Esta respuesta en forma de colección justifica que, con carácter general, usemos un bucle `for` para recorrer todos los eventos de la colección obtenida llamando a la función `get`. Por ejemplo:

```
for event in pygame.event.get():
 if event.type == pygame.KEYDOWN:
   if event.key == pygame.K_ESCAPE:
     PARAR_JUEGO = True
```

9.2.2 La función pygame.event.wait

Una alternativa al uso de `get` es usar `wait`. Esta función espera a que ocurra un evento y, en cuanto sucede, está disponible.

```
for event in pygame.event.get():
 if event.type == pygame.QUIT:
   sys.exit()
```

9.2.3 La función pygame.event.poll

La función `poll` devuelve sólo uno de los eventos que están en la cola de espera. Se usa más con más frecuencia que `get` o `wait`.

9.3 Un ejemplo: el cuadrado que rebota

Retomamos el pequeño programa anterior y vamos a convertir el rectángulo rojo en un cuadrado rojo. Sobre todo, decidimos mover este cuadrado lateralmente (horizontalmente) haciendo que rebote en los bordes izquierdo y derecho. Queremos controlar la velocidad de desplazamiento y asegurarnos de no ir más rápido de cincuenta fotogramas por segundo.

```
clock.tick(50)
```

Además, queremos poder salir de la simulación siempre que lo deseemos (para ello, usamos `wait`).

```
  for event in pygame.event.get():
   if event.type == pygame.QUIT:
     sys.exit()
```

Observación

Utilizamos un módulo Python que no hemos empleado hasta el momento: el módulo `sys`, que permite facilitar las interacciones con el sistema.

El siguiente código controla de manera específica la visualización del cuadrado rojo en sus nuevas coordenadas, en cada iteración.

```
 if XX >= 320:
   XX = 320
   MOVIMIENTO = -3
 elif XX <= 0:
   XX = 0
   MOVIMIENTO+ = 3

 pygame.draw.rect(ventana, rojo, (XX, 200, 80, 80))
 pygame.display.flip()
```

El código global para esta pequeña simulación, es el siguiente:

```
import sys, pygame

rojo = 255, 0, 0
azul = 0, 0, 255

pygame.init()
ventana = pygame.display.set_mode((400,400))
pygame.display.set_caption("El cuadrado que rebota")

clock = pygame.time.Clock()

XX = 300
```

```
MOVIMIENTO = 3

while 1:
   clock.tick(50)

   for event in pygame.event.get():
       if event.type == pygame.QUIT:
           sys.exit()

   ventana.fill(azul)

   XX += MOVIMIENTO

   if XX >= 320:
       XX = 320
       MOVIMIENTO = -3
   elif XX <= 0:
       XX = 0
       MOVIMIENTO = 3

   pygame.draw.rect(ventana, rojo, (XX, 200, 80, 80))
   pygame.display.flip()
```

Observación

Finalmente, observamos que la definición de una tupla de colores según el código RGB no requiere necesariamente el uso de paréntesis.

A continuación, se muestra la captura de pantalla del juego.

10. Los códigos globales de los dos ejemplos

10.1 Primer ejemplo

El código del primer ejemplo (FIL.py), que se corresponde con la visualización mediante el sistema de coordenadas, es el siguiente.

```
import pygame

azul = (0, 0, 255)
rojo = (255, 0, 0)

pygame.init()
pygame.display.set_caption(u'Superficie')
ventana = pygame.display.set_mode((400, 400))

azul_superficie = pygame.Surface((400, 400))
azul_superficie.fill(azul)

rojo_superficie = pygame.Surface((120, 240))
rojo_superficie.fill(rojo)

ventana.blit(azul_superficie, (0, 0))
ventana.blit(rojo_superficie, (50, 100))

pygame.display.flip()

while True:
   event = pygame.event.wait()
   if event.type == pygame.QUIT:
       break

pygame.quit()
```

10.2 Segundo ejemplo

A continuación, se muestra el código global del "cuadrado que rebota":

```
import sys
import pygame

rojo = 255, 0, 0
azul = 0, 0, 255
 *
pygame.init()
ventana = pygame.display.set_mode((400, 400))
pygame.display.set_caption("El cuadrado que rebota")

clock = pygame.time.Clock()

XX = 300
MOVIMIENTO = 3

while 1:
```

```
    clock.tick(50)

    for event in pygame.event.get():
        if event.type == pygame.QUIT:
            sys.exit()

    ventana.fill(azul)

    XX += MOVIMIENTO

    if XX >= 320:
        XX = 320
        MOVIMIENTO = -3
    elif XX <= 0:
        XX = 0
        MOVIMIENTO = 3

    pygame.draw.rect(ventana, rojo, (XX, 200, 80, 80))
pygame.display.flip()
```

Capítulo 5
Diseño y grafismo en todos sus estados con Pygame

1. Introducción

En los capítulos anteriores hemos visto los conceptos básicos de Pygame y, en particular, la gestión del bucle del juego. Hay conceptos importantes, como la gestión de colisiones, que se han dejado de lado hasta ahora: de hecho, cuando queremos detectar el encuentro de un objeto con otro (como para el objeto que rebota), lo hemos hecho utilizando el cálculo geométrico. Pygame permite mucho más a este nivel y obviamente lo estudiaremos más adelante.

En este capítulo, detallaremos algo que ya hemos abordado ligeramente: los aspectos gráficos. De hecho, son fundamentales en el desarrollo de videojuegos. Por lo tanto, el objetivo de este capítulo es ir lo más lejos posible en el diseño usando Pygame. Por diseño, nos referimos aquí al trazado de formas geométricas: cuadrados, rectángulos, líneas, arcos de círculo, polígonos, elipses, etc.

De hecho, necesitaremos estas formas más o menos elementales para mejorar el aspecto visual de los juegos y, en algunas ocasiones, para definir elementos del juego en sí. Por ejemplo, las líneas pueden ser la representación gráfica de paredes en un laberinto, de dónde el jugador busca escapar.

También ampliaremos nuestra discusión a los gráficos en general en Pygame, centrándonos en la visualización de imágenes, cuadros de texto, etc. Y así, como tal, profundizaremos en la noción de manipulación de superficies en Pygame, introducida en el capítulo Estructura de un juego de Pygame.

Finalmente, se presentarán las diferentes transformaciones geométricas posibles con Pygame.

2. Dibujar formas con Pygame

2.1 El módulo pygame.draw

Este módulo de Pygame le permite dibujar las principales formas geométricas que pueda necesitar. Estas incluyen:

- una línea, usando la función `pygame.draw.line`
- una línea discontinua, usando la función `pygame.draw.lines`
- un rectángulo, usando la función `pygame.draw.rect`
- un polígono, usando la función `pygame.draw.polygon`
- un círculo, usando la función `pygame.draw.circle`
- una elipse, utilizando la función `pygame.draw.ellipse`
- un arco de círculo o elipse, usando la función `pygame.draw.arc`

Observación

La documentación del módulo `draw` de Pygame está disponible en el capítulo Principales módulos de Pygame.

2.2 Dibujar una línea

Vamos a empezar por colorear el fondo de la ventana del juego de negro. Posteriormente, dibujaremos las dos diagonales del cuadrado de la ventana del juego. Ambas diagonales serán de color rojo. Geométricamente, son segmentos.

Como se ha visto antes, utilice la función `pygame.draw.line`. El código es el siguiente:

```
import pygame, sys
pygame.init()

# VENTANA DE 400 POR 400 CON FONDO NEGRO
PANTALLA = pygame.display.set_mode((400,400))
pygame.display.set_caption("Capítulo 5")
COLOR_NEGRO = pygame.Color(0, 0, 0)
PANTALLA.fill(COLOR_NEGRO)


# DIAGONALES EN ROJO
COLOR_ROJO = pygame.Color(255, 0, 0)
pygame.draw.line(PANTALLA, COLOR_ROJO, (0,0), (400, 400))
pygame.draw.line(PANTALLA, COLOR_ROJO, (0, 400), (400, 0))


# BUCLE DE JUEGO
while 1:
```

```
  for event in pygame.event.get():
    if event.type == pygame.QUIT:
      sys.exit()

  pygame.display.flip()
```

Este es el código que muestra las dos diagonales:

```
pygame.draw.line(PANTALLA, COLOR_ROJO, (0,0), (400, 400))
pygame.draw.line(PANTALLA, COLOR_ROJO, (0, 400), (400, 0))
```

Los argumentos utilizados en la llamada de `line` son los siguientes:

1. La superficie sobre la que dibujar la línea (aquí, la propia ventana del juego).

2. El color de la línea.

3. El punto geométrico inicial del segmento definido en el sistema de coordenadas.

4. El punto geométrico final del segmento también definido en el sistema de coordenadas.

2.3 Dibujar una línea discontinua

Aquí entendemos por línea discontinua una secuencia geométrica de segmentos. Entonces tenemos dos posibilidades: o bien indicamos que queremos dejar la secuencia geométrica como se define, o indicamos en el programa que queremos un segmento que conecte el último punto con el primer punto para formar un polígono.

Crear dos secuencias de segmentos: una es una línea discontinua "normal" (color azul) y la otra es un polígono (color verde). Utilice la función `pygame.draw.lines`.

```
# LÍNEAS DISCONTINUAS
COLOR_AZUL = pygame.Color(0, 0, 255)
COLOR_VERDE = pygame.Color(0, 255, 0)

puntos = [(0, 0), (50, 100), (100, 150), (250, 200), (400, 400)]
pygame.draw.lines(PANTALLA, COLOR_AZUL, False, puntos)
puntos2 = [(0, 0), (100, 50), (150, 100), (200, 250)]
pygame.draw.lines(PANTALLA, COLOR_VERDE, True, puntos2)
```

Los argumentos utilizados en la llamada de `lines` son los siguientes:

1. La superficie sobre la que dibujar las formas (aquí, la propia ventana del juego).

2. El color de la secuencia de segmentos.

3. ¿Iteramos, sí o no? Dicho de otra manera: ¿secuencia de segmentos o polígono?

4. La colección de los puntos geométricos que forman la línea discontinua.

2.4 Dibujar un rectángulo

En el capítulo Estructura de un juego Pygame, vimos cómo se utilizaba la función `pygame.draw.rect`. El principio es más o menos el mismo que para la visualización de una línea o una línea discontinua. De esta manera, creamos un rectángulo de color rosa (el color del contorno).

```
# RECTANGULO
COLOR_ROSA = pygame. Color(255,192,203)
pygame.draw.rect(PANTALLA, COLOR_ROSA, (
(50, 75), (150, 200)), 1)
```

Los argumentos utilizados en la llamada de `rect` son los siguientes:

1. La superficie sobre la que dibujar el rectángulo (aquí, la propia ventana del juego).

2. El color del contorno del rectángulo.

3. La pareja de dos coordenadas (dos puntos): el punto superior izquierdo del rectángulo y el punto inferior derecho del mismo.

4. El grosor del contorno del rectángulo. Aquí, el grosor es de 1 píxel. Podría aumentar su grosor a 2 o 4 píxeles, por ejemplo.

2.5 Dibujar un polígono

Hemos visto que `pygame.draw.lines` permite dibujar un polígono. Pero en Pygame también hay una función dedicada para trazar un polígono: `pygame.draw.polygon`. No en vano, tenemos este tipo de código:

```
# POLÍGONO
puntos3 = [(200, 200), (250, 300), (300, 325), (400, 350)]
COLOR_AMARILLO = pygame.Color(255,255,0)
pygame.draw.polygon(PANTALLA, COLOR_AMARILLO, puntos3, 1)
```

Los argumentos utilizados en la llamada de `polygon` son los siguientes:

1. La superficie sobre la que dibujar la línea del polígono (aquí, la propia ventana del juego).

2. El color del contorno del polígono.

3. Los diferentes puntos geométricos que forman el polígono.

4. El grosor del contorno del polígono.

2.6 Dibujar un círculo

De la misma manera que un rectángulo es un polígono particular y un cuadrado es un rectángulo particular, un círculo es una elipse particular (esta forma geométrica se aborda justo después). Usamos la función `pygame.draw.circle`.

```
# CÍRCULO
COLOR_BLANCO = (255, 255, 255)
pygame.draw.circle(PANTALLA, COLOR_BLANCO, (200, 200), 100, 1)
```

Los argumentos utilizados en la llamada de `circle`, son los siguientes:

1. La superficie sobre la que dibujar el círculo (aquí, la propia ventana del juego).

2. El color del contorno del círculo.

3. El centro del círculo, es decir, el par de coordenadas del punto geométrico correspondiente al centro del círculo.

4. El radio del círculo (*radius* en inglés).

5. El grosor del contorno del círculo.

2.7 Dibujar una elipse

Necesitamos más información para dibujar una elipse que para dibujar un círculo. De hecho, un círculo es una elipse cuyo eje mayor es de la misma dimensión que el eje menor. Definir el eje mayor y el eje menor equivale a especificar en el programa las dimensiones del rectángulo en el que está inscrita la elipse. Usamos la función `pygame.draw.ellipse`.

```
# ELIPSE
COLOR_NARANJA = (255, 165, 0)
xx_izquierda = 100
yy_altura = 150
menor_eje = 100
mayor_eje = 200
pygame.draw.ellipse(PANTALLA, COLOR_NARANJA, (xx_izquierda, yy_altura,
mayor_eje, menor_eje), 1)
```

Los argumentos utilizados en la llamada de `ellipse` son los siguientes:

1. La superficie sobre la que dibujar la elipse (aquí, la propia ventana del juego).

2. El color del contorno de la elipse.

3. El cuarteto compuesto por:

- la abscisa del punto superior izquierdo del rectángulo en el que está inscrita la elipse,
- la ordenada del punto superior izquierdo del rectángulo en el que está inscrita la elipse,
- la longitud de la elipse (el eje mayor),
- la altura de la elipse (el eje menor).

4. El grosor del contorno de la elipse.

2.8 Dibujar un arco de circunferencia

Algunas veces no queremos mostrar una elipse completa, sino solo un arco de esa elipse. Para hacer esto, utilizaremos la función `pygame.draw.arc`.

Para definir el arco deseado, necesitamos referirnos al círculo trigonométrico ya que el inicio y el final del arco se expresan en radianes con respecto a un ángulo de 0 radianes.

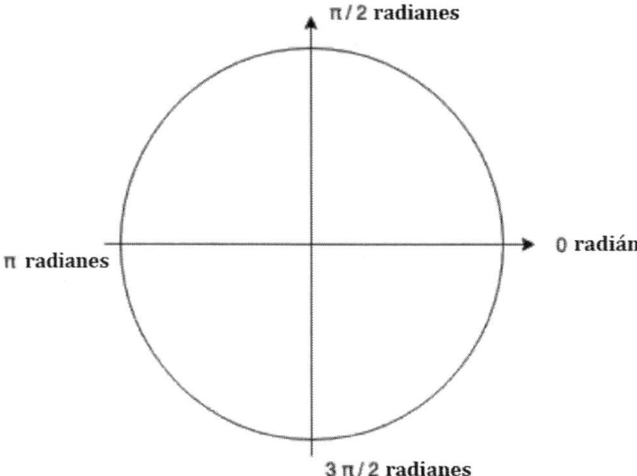

Representación de un círculo trigonométrico

Si consideramos el círculo trigonométrico anterior, por ejemplo podemos decidir crear un arco entre el ángulo $\pi/2$ y el ángulo π (aproximadamente, el arco de círculo correspondiente al cuarto superior izquierdo del círculo trigonométrico).

Agregamos el siguiente código al programa anterior.

```
# ARCO DE CÍRCULO
COLOR_CIAN = (0, 255, 255)
xx_izquierda2 = 300
yy_altura2 = 25
menor_eje2= 150
mayor_eje2 = 180
pygame.draw.arc(PANTALLA, COLOR_CIAN, (xx_izquierda2, yy_altura2, mayor_eje2,
menor_eje2), PI/2, PI, 1)
```

Los argumentos utilizados en la llamada de `arc` son los siguientes:

1. La superficie sobre la que dibujar el arco (aquí, la propia ventana del juego).

2. El color del contorno del arco.

3. El cuarteto compuesto por:

- la abscisa del punto superior izquierdo del rectángulo en el que está inscrito el arco,
- la ordenada del punto superior izquierdo del rectángulo en el que está inscrito el arco,
- la longitud del arco (el eje mayor),
- la altura del arco (el eje menor).

4. El ángulo expresado en radianes correspondiente al inicio del arco (aquí, $\pi / 2$).

5. El ángulo expresado en radianes correspondiente al final del arco (aquí, π).

6. El grosor del contorno del arco de elipse.

Tenga en cuenta que en este ejemplo, es necesario disponer del valor del número π. El módulo de Python `math` incluye el número π. Se agrega al programa lo siguiente:

```
import math
PI = math.pi
```

A continuación, se muestra todo el programa hecho aquí que permite mostrar varias formas geométricas con Pygame.

```
import pygame, sys
import math
PI = math.pi

pygame.init()

# VENTANA DE 400 POR 400 CON UN FONDO NEGRO
PANTALLA = pygame.display.set_mode((400,400))
pygame.display.set_caption("Capítulo 5")
COLOR_NEGRO = pygame.Color(0, 0, 0)
PANTALLA.fill(COLOR_NEGRO)


# DIAGONALES EN ROJO
```

```
COLOR_ROJO = pygame.Color(255, 0, 0)
pygame.draw.line(PANTALLA, COLOR_ROJO, (0,0), (400, 400))
pygame.draw.line(PANTALLA, COLOR_ROJO, (0, 400), (400, 0))


# LINEAS DISCONTINUAS
COLOR_AZUL = pygame.Color(0, 0, 255)
COLOR_VERDE = pygame.Color(0, 255, 0)

puntos = [(0, 0), (50, 100), (100, 150), (250, 200), (400, 400)]
pygame.draw.lines(PANTALLA, COLOR_AZUL, False, puntos)
puntos2 = [(0, 0), (100, 50), (150, 100), (200, 250)]
pygame.draw.lines(PANTALLA, COLOR_VERDE, True, puntos2)


# RECTÁNGULO
COLOR_ROSA = pygame.Color(255,192,203)
pygame.draw.rect(PANTALLA, COLOR_ROSA, ((50, 75), (150, 200)), 1)


# POLÍGONO
puntos3 = [(200, 200), (250, 300), (300, 325), (400, 350)]
COLOR_AMARILLO = pygame.Color(255,255,0)
pygame.draw.polygon(PANTALLA, COLOR_AMARILLO, puntos3, 1)

# CÍRCULO
COLOR_BLANCO = (255, 255, 255)
pygame.draw.circle(PANTALLA, COLOR_BLANCO, (200, 200), 100, 1)

# ELIPSE
COLOR_NARANJA = (255, 165, 0)
xx_izquierda = 100
yy_altura = 150
menor_eje = 100
mayor_eje = 200
pygame.draw.ellipse(PANTALLA, COLOR_NARANJA, (xx_izquierda, yy_altura,
mayor_eje, menor_eje), 1)


# ARCO DE CÍRCULO
COLOR_CIAN = (0, 255, 255)
xx_izquierda2 = 300
yy_altura2 = 25
menor_eje2= 150
mayor_eje2 = 180
pygame.draw.arc(PANTALLA, COLOR_CIAN, (xx_izquierda2, yy_altura2, mayor_eje2,
menor_eje2), PI/2, PI, 1)

# BUCLE DE JUEGO
while 1:

  for event in pygame.event.get():
    if event.type == pygame.QUIT:
      sys.exit()

  pygame.display.flip()
```

Obtiene una ventana de juego que se ve así:

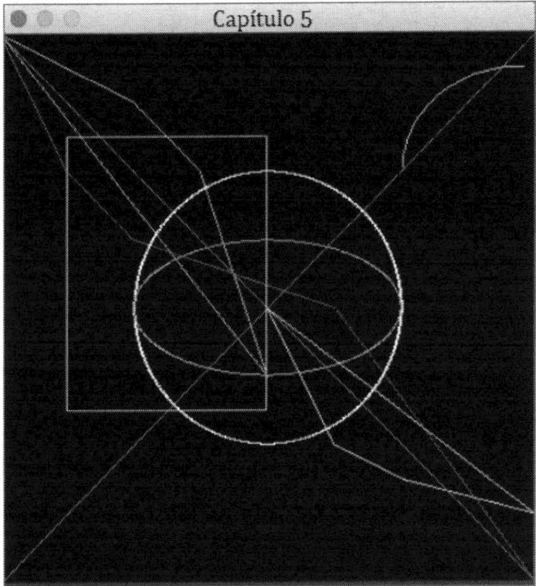

Ventana de juego del programa de visualización de formas geométricas

2.9 Antialiasing

El antialiasing (traducido, más o menos incorrectamente, como "pixelado") es una respuesta a un fenómeno gráfico no deseado que muestra, por ejemplo, una línea como una escalera pixelada y no es muy bonito.

El problema surge en particular cuando se muestran líneas inclinadas. En respuesta, Pygame ofrece una función de antialiasing: se llama `pygame.draw.aaline` ("aa" como "antialiasing"). Se utiliza en el siguiente programa donde se hace una comparación entre una pantalla con `line` y una pantalla con `aaline`

```
import pygame, sys

pygame.init()

PANTALLA = pygame.display.set_mode((400,400))
pygame.display.set_caption("Capitulo 5")
COLOR_NEGRO = pygame.Color(0, 0, 0)
PANTALLA.fill(COLOR_NEGRO)

COLOR_CIAN = (0, 255, 255)
```

```
pygame.draw.line(PANTALLA, COLOR_CIAN, (0, 200), (200, 0), 1)
pygame.draw.aaline(PANTALLA, COLOR_CIAN, (0, 400), (400, 0), 1)

# BUCLE DE JUEGO
while 1:

 for event in pygame.event.get():
   if event.type == pygame.QUIT:
     sys.exit()

 pygame.display.flip()
```

3. Ver y guardar imágenes con Pygame

3.1 El módulo pygame.image

El tema de cargar y mostrar imágenes se ha explicado en el capítulo Conceptos del videojuego y primeros pasos con Pygame con el ejemplo Cohete y planeta. Por lo tanto, se trata de aclarar un poco todo esto. De hecho, el desarrollo de un juego a menudo implica mostrar imágenes elementales. Por ejemplo, la imagen elemental de la pared de un laberinto, que se mostrará en múltiples copias.

Pygame ofrece un módulo llamado `image` dedicado a mostrar y guardar imágenes. Las funciones disponibles en este módulo son:

- `pygame.image.load`: carga y muestra una imagen externa.
- `pygame.image.save`: guarda una imagen de Pygame en un archivo.
- `pygame.image.get_extended`: prueba antes de mostrar si la carga y la visualización son posibles con Pygame.
- `pygame.image.tostring`: crea un búfer de cadena de caracteres que representa la imagen.
- `pygame.image.fromstring`: crea una superficie de tipo imagen a partir de un búfer de cadena de caracteres.
- `pygame.image.frombuffer`: crea una superficie de tipo imagen a partir de un búfer.

Observación

Un búfer en informática es una memoria RAM dinámica que se utiliza para almacenar información temporalmente.

Observación

La documentación del módulo `image` de Pygame está disponible en el capítulo Principales módulos de Pygame.

3.2 Cargar imágenes con Pygame

3.2.1 La función pygame.draw.load

La función `pygame.image.load` se utiliza para cargar una imagen almacenada en un ordenador, por ejemplo. Se permiten las siguientes extensiones:

- JPG
- PNG
- GIF (cuando no es un GIF animado)
- BMP
- PCX
- TGA
- TIF
- LBM
- PBM
- XPM

3.2.2 Buena práctica de la llamada a convert()

Antes de poner un ejemplo de mostrar una imagen, recordemos un punto importante discutido en el capítulo Estructura de un juego Pygame. La llamada a la función `pygame.image.load` siempre debe ir acompañada de la llamada a la función `convert()`, para que la resolución del color se realice al crear esta superficie, y no cuando SDL maneja este aspecto, que puede ser muy costoso.

Dicho de otra manera, el uso de `convert()` al cargar una imagen evita cierta lentitud en la ejecución del juego. Por lo tanto, se debe utilizar sistemáticamente.

Para retomar aquí el ejemplo del capítulo Estructura de un juego Pygame, es mucho mejor escribir esto:

```
surfaceImage = pygame.image.load("MiImagen.jpg").convert()
```

En lugar de escribir esto (riesgo de pérdida de rendimiento):

```
surfaceImage = pygame.image.load("MiImagen.jpg")
```

3.2.3 Ejemplo de carga y visualización de una imagen

Coloque la siguiente imagen, llamada Selfie.jpg, en el directorio del nuevo programa Python.

Cree este pequeño programa para mostrar esta imagen en Pygame:

```
import pygame, sys

pygame.init()

PANTALLA = pygame.display.set_mode((400,400))
pygame.display.set_caption("Capítulo 5")
COLOR_NEGRO = pygame.Color(0, 0, 0)
PANTALLA.fill(COLOR_NEGRO)

selfie = pygame.image.load("Selfie.jpg").convert()
PANTALLA.blit(selfie, (50, 50))

while 1:

  for event in pygame.event.get():
    if event.type == pygame.QUIT:
      sys.exit()

  pygame.display.flip()
```

Una vez creada la superficie de la imagen con `load`, ubicamos esta imagen en un punto geométrico dado (correspondiente al punto superior izquierdo de la imagen), utilizando `blit`.

3.3 Guardar imágenes con Pygame

Acabamos de ver cómo mostrar una imagen dentro de una superficie Pygame. Ahora explicaremos cómo hacer lo contrario: guardar el contenido de una superficie Pygame en un archivo de tipo imagen, con una extensión .png o .bmp, por ejemplo.

Vamos a crear una superficie con algunas formas geométricas que guardamos en un archivo en una máquina. Mostramos una superficie de color de fondo rojo (superficie distinta a la de la ventana de juego), y en esta superficie, mostramos un círculo blanco. Queremos guardar la superficie en cuestión y, por lo tanto, una imagen de un círculo blanco sobre un fondo rojo.

```
import pygame, sys

pygame.init()

# VENTANA DE 400 POR 400
PANTALLA = pygame.display.set_mode((400,400))
pygame.display.set_caption("Capítulo 5")

COLOR_ROJO = pygame.Color(255, 0, 0)
IMAGEN = pygame.Surface((300, 300))
IMAGEN.fill(COLOR_ROJO)

# CÍRCULO
COLOR_BLANCO = (255, 255, 255)
pygame.draw.circle(IMAGEN, COLOR_BLANCO, (150, 150), 100, 5)

PANTALLA.blit(IMAGEN, (50, 50))

pygame.image.save(IMAGEN, "Circulo.png")

# BUCLE DE JUEGO
while 1:

 for event in pygame.event.get():
   if event.type == pygame.QUIT:
     sys.exit()

 pygame.display.flip()
```

El registro propiamente dicho, la proporciona esta línea:

```
pygame.image.save(IMAGEN, "Circulo.png")
```

Los argumentos utilizados en la llamada de `save` son los siguientes:

1. La superficie que desea guardar.

2. La ruta completa, es decir, incluyendo el nombre del archivo de destino en el ordenador. Si ponemos solo el nombre del archivo, se crea en el directorio actual, es decir, aquel en el que se ejecuta el código Python.

En tiempo de ejecución, tenemos esta ventana:

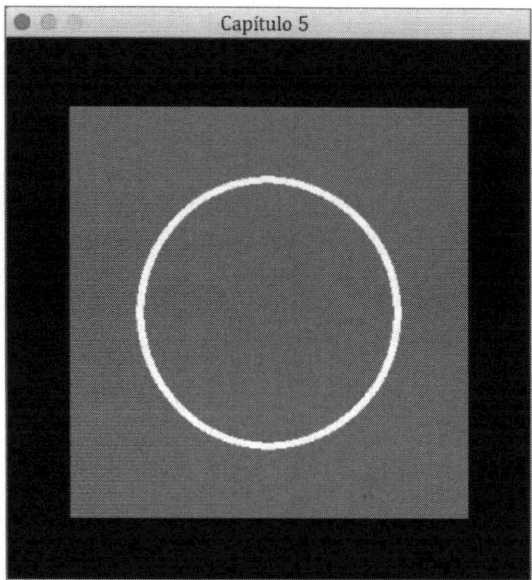

Ventana de juego del ejemplo de copia de seguridad

Cuando abrimos el archivo Circulo.png guardado, tenemos esto:

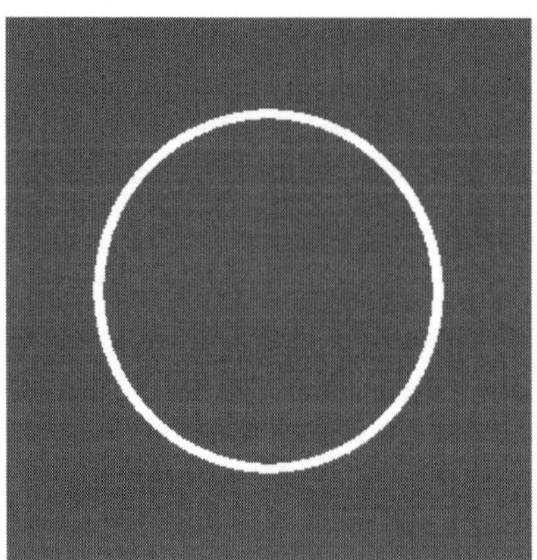

Contenido del archivo guardado Circulo.png

4. Usar y manipular texto en Pygame

4.1 El módulo pygame.font

La visualización de las cadenas de caracteres y, por lo tanto, de texto en Pygame, sigue la misma lógica que la utilizada para formas geométricas o imágenes: la de las superficies Pygame. Aquí, también se tratará de escribir texto sobre una superficie determinada.

El principal problema de la visualización del texto es el de la fuente de caracteres (*font* en inglés). El módulo dedicado de Pygame se llama `pygame.font`.

Las principales funciones de este módulo son las siguientes:

- `pygame.font.get_default_font`: obtiene el nombre del archivo de la fuente de caracteres predeterminada.
- `pygame.font.get_fonts`: obtiene todas las fuentes de caracteres disponibles.
- `pygame.font.match_font`: busca una fuente de caracteres con un nombre determinado.
- `pygame.font.SysFont`: crea un objeto nuevo "fuente de caracteres" basado en una de las fuentes de caracteres del sistema (es decir, instaladas en la máquina).
- `pygame.font.Font`: crea un nuevo objeto "fuente de caracteres" basado en un archivo de fuente de caracteres.

Observación

La documentación del módulo `font` de Pygame está disponible en el capítulo Principales módulos de Pygame.

4.2 Usar fuentes de caracteres de sistema con Pygame

Comenzamos usando el constructor de `SysFont`, que permite utilizar una fuente de caracteres disponible en la máquina utilizada. Aquí, nos referimos a la fuente Arial de tamaño 35, que queremos mostrar en negrita y cursiva. La negrita se corresponde con el tercer argumento (aquí a 1) y la cursiva con el cuarto (aquí a 1).

```
FUENTE_ARIAL = pygame.font.SysFont("Arial", 35, 1, 1)
```

Seguidamente, definimos el texto que queremos mostrar usando la función `render`. Especificamos si queremos activar el antialiasing (segundo argumento, aquí con valor 1) y el color del texto (aquí, el color blanco).

```
TEXTO = FUENTE_ARIAL.render("Es Arial.", 1, COLOR_BLANCO)
```

Finalmente, con la función `blit`, coloque y muestre el texto dentro de la superficie de destino.

```
PANTALLA.blit(TEXTO, (50, 50))
```

El código general de este ejemplo es:

```
import pygame, sys

pygame.init()

# VENTANA DE 400 POR 400
PANTALLA = pygame.display.set_mode((400,400))
pygame.display.set_caption("Capítulo 5")
COLOR_NEGRO = pygame.Color(0, 0, 0)
PANTALLA.fill(COLOR_NEGRO)

# FUENTE
COLOR_BLANCO = (255, 255, 255)
FUENTE_ARIAL = pygame.font.SysFont("Arial", 35, 1, 1)
TEXTO = FUENTE_ARIAL.render("Es Arial.", 1, COLOR_BLANCO)
PANTALLA.blit(TEXTO, (50, 50))

# BUCLE DE JUEGO
while 1:

 for event in pygame.event.get():
   if event.type == pygame.QUIT:
     sys.exit()

 pygame.display.flip()
```

La ejecución de este código produce lo siguiente:

Imagen de una fuente en Pygame

4.3 Utilizar sus propias fuentes de caracteres con Pygame

Puede usar sus propias fuentes de caracteres en su procesador de textos preferido, por ejemplo, o fuentes de caracteres que alguien le haya pasado. En ambos casos, las fuentes de caracteres probablemente se almacenan en un archivo con extensión .ttf.

Para utilizar una fuente de este tipo con Pygame, utilice el constructor Font especificando el nombre del archivo de extensión .ttf y el tamaño de fuente deseado.

```
FUENTE_ARIAL = pygame.font.Font("MIFUENTE.ttf", 35)
```

Para la prueba, procedemos exactamente de la misma manera que antes.

```
# FUENTE
COLOR_BLANCO = (255, 255, 255)
FUENTE_ARIAL = pygame.font.Font("MIFUENTE.ttf", 35)
TEXTO = FUENTE_ARIAL.render("Es MIFUENTE.ttf", 1, COLOR_BLANCO)
PANTALLA.blit(TEXTO, (50, 50))
```

5. Diseñar software de dibujo con Pygame

Tan pronto como sepamos cómo mostrar formas geométricas, imágenes, texto y guardar imágenes, podemos decir que tenemos todos los elementos para crear un pequeño software de dibujo.

Todavía es necesario poder captar los eventos del ratón si se quiere usar para dibujar. Esto es lo que veremos inmediatamente antes de construir un pequeño software de dibujo.

5.1 Administrar eventos de ratón o teclado en Pygame

Ya hemos visto anteriormente la captura de eventos de teclado, que es muy similar con los eventos del ratón.

La base del código es la siguiente:

```
import pygame, sys

pygame.init()

# VENTANA DE 400 POR 400
PANTALLA = pygame.display.set_mode((400,400))
pygame.display.set_caption("Capítulo 5")
COLOR_NEGRO = pygame.Color(0, 0, 0)
PANTALLA.fill(COLOR_NEGRO)


AVANZA = True
# BUCLE DE JUEGO
while AVANZA:
```

```
for event in pygame.event.get():
  if event.type == pygame.QUIT:
    AVANZA = False
  elif event.type == pygame.KEYDOWN:
    if event.key == pygame.K_ESCAPE:
      AVANZA = False
  elif event.type == pygame.MOUSEBUTTONDOWN:
      print(event)
  elif event.type == pygame.MOUSEBUTTONUP:
      print(event)

pygame.display.flip()
```

Vemos que tenemos una captura de los eventos del teclado, incluida la pulsación de la tecla [Esc].

```
for event in pygame.event.get():
   if event.type == pygame.QUIT:
     AVANZA = False
   elif event.type == pygame.KEYDOWN:
     if event.key == pygame.K_ESCAPE:
       AVANZA = False
```

De manera equivalente, capturamos los eventos del ratón: la pulsación y liberación de un botón del ratón.

```
   elif event.type == pygame.MOUSEBUTTONDOWN:
       print(event)
   elif event.type == pygame.MOUSEBUTTONUP:
       print(event)
```

Mostramos la traza correspondiente a los `print (event)` de los eventos en cuestión.

```
<Event(5-MouseButtonDown {'pos': (125, 86), 'button': 1, 'window': None})>
<Event(6-MouseButtonUp {'pos': (148, 122), 'button': 1, 'window': None})>
<Event(5-MouseButtonDown {'pos': (148, 122), 'button': 1, 'window': None})>
<Event(6-MouseButtonUp {'pos': (148, 122), 'button': 1, 'window': None})>
<Event(5-MouseButtonDown {'pos': (231, 144), 'button': 1, 'window': None})>
<Event(6-MouseButtonUp {'pos': (231, 144), 'button': 1, 'window': None})>
```

Vemos que obtenemos las coordenadas del puntero del ratón durante el evento. Las coordenadas que se expresan dentro del sistema de coordenadas asociado a la ventana del juego.

Observación

La documentación de los módulos `mouse` y `key` de Pygame está disponible en el capítulo Principales módulos de Pygame.

5.2 Primera versión del software: mostrar la ruta trazada con el ratón

La idea ahora es grabar una pulsación de un botón del ratón y obtener las coordenadas asociadas y posteriormente, obtener las coordenadas asociadas con el punto de liberación de la pulsación en ese mismo botón del ratón. Entre los dos puntos obtenidos, trazamos una línea. De esta manera, ya tendremos un borrador de software de dibujo que mejoraremos más adelante.

También aprovechamos para poner el fondo en blanco, para poder dibujar trazas en negro.

Por lo tanto, guardamos el inicio y el final de la línea y, cuando tenemos ambos datos, trazamos una línea entre los dos puntos.

```
    elif event.type == pygame.MOUSEBUTTONDOWN:
        inicio_linea = pygame.mouse.get_pos()
    elif event.type == pygame.MOUSEBUTTONUP:
        fin_linea = pygame.mouse.get_pos()
        pygame.draw.line(PANTALLA, COLOR_NEGRO, inicio_linea, fin_linea, 1)
```

Esto proporciona el siguiente código global:

```
import pygame, sys

pygame.init()

# VENTANA DE 400 POR 400
PANTALLA = pygame.display.set_mode((400,400))
pygame.display.set_caption("Capítulo 5")
COLOR_BLANCO = pygame.Color(255, 255, 255)
COLOR_NEGRO = pygame.Color(0, 0, 0)
PANTALLA.fill(COLOR_BLANCO)


AVANZA = True
# BUCLE DE JUEGO
while AVANZA:

 for event in pygame.event.get():
   if event.type == pygame.QUIT:
     AVANZA = False
   elif event.type == pygame.KEYDOWN:
     if event.key == pygame.K_ESCAPE:
       AVANZA = False
   elif event.type == pygame.MOUSEBUTTONDOWN:
       inicio_linea = pygame.mouse.get_pos()
   elif event.type == pygame.MOUSEBUTTONUP:
       fin_linea = pygame.mouse.get_pos()
       pygame.draw.line(PANTALLA, COLOR_NEGRO, inicio_linea, fin_linea, 1)

 pygame.display.flip()
```

La experiencia de usuario no es óptima, es un poco tedioso dibujar con este pequeño software pero, aun así, podemos producir este tipo de dibujo.

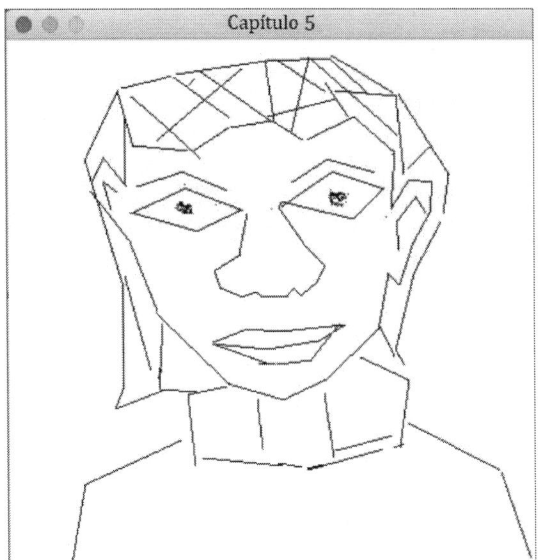

Ejemplo de un dibujo realizado con la primera versión del software de dibujo

Así que tenemos un pequeño software que satisface una necesidad, pero tiene algunos defectos:

- el trazado de la ruta del ratón debe ser más fluida o, al menos, más sencilla.
- sería necesario poder cambiar los colores de la línea o incluso aumentar el grosor de la línea a voluntad.
- debería ser posible guardar los dibujos.

5.3 Segunda versión del software: varias mejoras

5.3.1 Mejora de la experiencia de trazado

Esta falta de fluidez en el trazado se puede resolver capturando otro evento llamado pygame.MOUSEMOTION. Este evento se genera cada vez que el ratón se mueve, a diferencia de los eventos que se utilizaban hasta ahora, que estaban relacionados con la pulsación de uno de los botones del ratón.

Además, nos interesará conocer cómo podemos saber si el usuario pulsa posteriormente el botón del ratón o no. Estamos específicamente interesados en el botón izquierdo del ratón en este ejemplo. Por lo tanto, al acoplar estos dos eventos, sabremos si trazar una línea o no.

Tenemos el siguiente fragmento de código:

```
elif event.type == pygame.MOUSEMOTION:
  fin_linea = pygame.mouse.get_pos()
  if pygame.mouse.get_pressed() == (1, 0, 0):
    pygame.draw.line(PANTALLA, COLOR_NEGRO, inicio_linea, fin_linea, 1)
  inicio_linea = fin_linea
```

Dibuje sólo cuando se pulse el botón izquierdo del ratón. Esto se prueba mediante la siguiente línea:

```
si pygame.mouse.get_pressed() == (1, 0, 0):
```

De hecho, la función pygame.mouse.get_pressed devuelve un trío (botón 1, botón 2, botón 3), donde cada valor es igual a 0 o 1. Si el valor es igual a 1, significa que se presiona el botón en cuestión (aquí, el botón 1 representa el botón izquierdo del ratón).

5.3.2 Características añadidas (color, grosor, etc.)

La idea aquí es asignar ciertas teclas del teclado a determinadas funcionalidades. Así, definimos las siguientes funcionalidades:

- Presionar la tecla r: el color del trazado cambia a rojo.
- Presionar la tecla v: el color del trazado cambia a verde.
- Presionar la tecla b: el color del trazado cambia a azul.
- Presionar la tecla n: el color del trazado cambia a negro.
- Presionar la tecla p: el grosor del trazado aumenta.
- Presionar la tecla m: el grosor del trazado disminuye.
- Presionar la tecla s: se guarda el dibujo en el archivo MiDiseño.png.

Comenzamos definiendo las variables COLOR y GROSOR que utilizaremos para trazar la línea.

```
pygame.draw.line(PANTALLA, COLOR, inicio_linea, fin_linea, GROSOR)
```

Posteriormente, añadimos los diferentes gestores de eventos relacionados con las teclas del teclado.

```
    elif event.type == pygame.KEYDOWN:
     if event.key == pygame.K_ESCAPE:
       AVANZA = False
     elif event.key == pygame.K_r:
       COLOR = COLOR_ROJO
     elif event.key == pygame.K_v:
       COLOR = COLOR_VERDE
     elif event.key == pygame.K_b:
       COLOR = COLOR_AZUL
     elif event.key == pygame.K_n:
       COLOR = COLOR_NEGRO
     elif event.key == pygame.K_p:
       GROSOR = GROSOR +1
     elif event.key == pygame.K_m:
       GROSOR = GROSOR - 1
       if GROSOR < 1:
         GROSOR = 1
     elif event.key == pygame.K_s:
       pygame.image.save(PANTALLA, "MiDibujo.png")
```

Por lo tanto, el código global pasa a ser el siguiente:

```
import pygame, sys

pygame.init()

# COLORES
COLOR_BLANCO = pygame.Color(255, 255, 255)
COLOR_NEGRO = pygame.Color(0, 0, 0)
COLOR_ROJO = pygame.Color(255, 0, 0)
COLOR_VERDE = pygame.Color(0, 255, 0)
COLOR_AZUL = pygame.Color(0, 0, 255)

# VENTANA DE 400 POR 400
PANTALLA = pygame.display.set_mode((400,400))
PANTALLA.fill(COLOR_BLANCO)
pygame.display.set_caption("Capítulo 5")

AVANZA = True
inicio_linea = 0, 0
COLOR = COLOR_NEGRO
GROSOR = 1

# BUCLE DE JUEGO
while AVANZA:

 for event in pygame.event.get():
   if event.type == pygame.QUIT:
     AVANZA = False
   elif event.type == pygame.KEYDOWN:
     if event.key == pygame.K_ESCAPE:
       AVANZA = False
```

```
            elif event.key == pygame.K_r:
              COLOR = COLOR_ROJO
            elif event.key == pygame.K_v:
              COLOR = COLOR_VERDE
            elif event.key == pygame.K_b:
              COLOR = COLOR_AZUL
            elif event.key == pygame.K_n:
              COLOR = COLOR_NEGRO
            elif event.key == pygame.K_p:
              GROSOR = GROSOR +1
            elif event.key == pygame.K_m:
              GROSOR = GROSOR - 1
              if GROSOR < 1:
                GROSOR = 1
            elif event.key == pygame.K_s:
              pygame.image.save(PANTALLA, "MiDiseño.png")
          elif event.type == pygame.MOUSEMOTION:
             fin_linea = pygame.mouse.get_pos()
             if pygame.mouse.get_pressed() == (1, 0, 0):
               pygame.draw.line(PANTALLA, COLOR, inicio_linea, fin_linea, GROSOR)
             inicio_linea = fin_linea

    pygame.display.flip()
```

A continuación, se muestra un ejemplo de un dibujo realizado con esta nueva versión y guardado en el archivo MiDibujo.png.

Ejemplo de un dibujo realizado con la segunda versión del software de dibujo

6. Aplicar transformaciones geométricas en Pygame

6.1 El módulo pygame.transform

El propósito del módulo es aplicar transformaciones geométricas a superficies de Pygame. Entre otras cosas, el módulo ofrece la posibilidad de:

- simetrías axiales,
- homotecias,
- rotaciones.

Observación
La documentación del módulo `transform` de Pygame está disponible en el capítulo Principales módulos de Pygame.

6.2 Ejemplo de uso de las transformaciones de Pygame

Elegimos mostrar una pequeña imagen a la que aplicaremos diversas transformaciones geométricas. La imagen elegida es la del logotipo de Ediciones ENI, compañía editora de este libro.

El código inicial es el siguiente:

```
import pygame, sys
import math
PI = math.pi

pygame.init()

# VENTANA DE 400 POR 400 CON UN FONDO NEGRO
PANTALLA = pygame.display.set_mode((400,400))
pygame.display.set_caption("Capítulo 5 - transformaciones")
COLOR_NEGRO = pygame.Color(0, 0, 0)
PANTALLA.fill(COLOR_NEGRO)

#Imagen
logo = pygame.image.load("logo_ENI.png").convert()
PANTALLA.blit(logo, (50, 50))

# BUCLE DE JUEGO
while 1:

 for event in pygame.event.get():
```

```
    if event.type == pygame.QUIT:
      sys.exit()

  pygame.display.flip()
```

Lo que genera la siguiente pantalla:

Captura de pantalla antes de las transformaciones geométricas

Vamos a ver tres transformaciones del módulo `transforms`: dos transformaciones isométricas (simetría axial y rotación) y una homotecia.

A continuación, se muestra el código completo del ejemplo antes de las explicaciones:

```
import pygame, sys
import math
PI = math.pi

pygame.init()

# VENTANA DE 400 POR 400 CON UN FONDO NEGRO
PANTALLA = pygame.display.set_mode((400,400))
pygame.display.set_caption("Capítulo 5 - transformaciones")
COLOR_NEGRO = pygame.Color(0, 0, 0)
PANTALLA.fill(COLOR_NEGRO)

#Imagen
logo = pygame.image.load("logo_ENI.png").convert()
PANTALLA.blit(logo, (50, 50))

logoFlip = pygame.transform.flip(logo, True, True)
PANTALLA.blit(logoFlip, (150, 150))
```

```
logoRotate = pygame.transform.rotate(logo, 45)
PANTALLA.blit(logoRotate, (250, 250))

logoScale = pygame.transform.scale2x(logo)
PANTALLA.blit(logoScale, (50, 250))

# BUCLE DE JUEGO
while 1:

 for event in pygame.event.get():
   if event.type == pygame.QUIT:
     sys.exit()

 pygame.display.flip()
```

A nivel de visualización, obtenemos esto en la pantalla:

- El logotipo girado en el medio se corresponde con el resultado de una doble simetría axial.
- El logotipo inclinado en la parte inferior derecha, es el resultado de la rotación.
- El logotipo ampliado en la parte inferior izquierda, es el resultado de la homotecia.

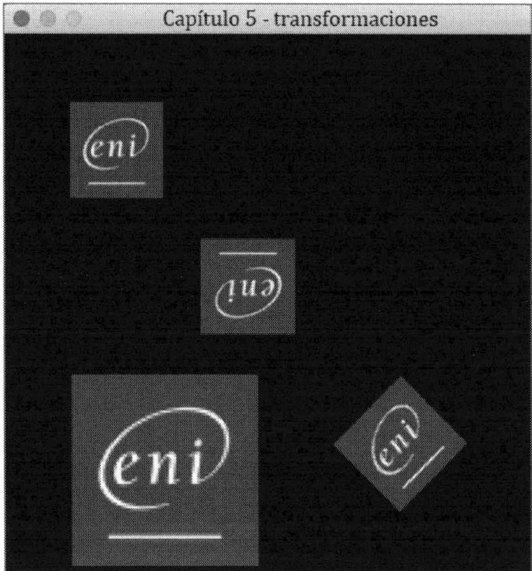

Captura de pantalla después de las transformaciones geométricas

Esta es la superficie de partida, es decir, la que usaremos para crear otras superficies y a la que aplicaremos las transformaciones.

```
logo = pygame.image.load("logo_ENI.png").convert()
PANTALLA.blit(logo, (50, 50))
```

Comience creando una superficie nueva por simetría axial. La función `flip` recibe como argumento la superficie de referencia, así como dos booleanos que indican si se desea simetría axial vertical u horizontal, respectivamente. Elija ambos aquí. Una vez creada la superficie objetivo, colóquela con `blit`.

```
logoFlip = pygame.transform.flip(logo, True, True)
PANTALLA.blit(logoFlip, (150 , 150))
```

Ahora gire 45 grados usando la función `rotate` para crear una superficie nueva.

```
logoRotate = pygame.transform.rotate(logo, 45)
PANTALLA.blit(logoRotate, (250, 250))
```

Para terminar, utilice la función `scale2x` para realizar una homotecia de relación 2, es decir, un aumento "de dos veces" la imagen de la superficie.

```
logoScale = pygame.transform.scale2x(logo)
PANTALLA.blit(logoScale, (50, 250))
```

7. Conclusión

Ahora que hemos estudiado el dibujo y, por tanto, los aspectos gráficos, se trata de abordar otro aspecto: el relativo al sonido y los efectos sonoros, tan importantes en el desarrollo de videojuegos.

Capítulo 6

Añadir sonidos a un juego Pygame

1. Introducción

El capítulo anterior estaba dedicado a los aspectos gráficos que son, como es lógico, muy importantes para la animación de un videojuego. El sonido también es muy importante en dicha animación. La mayoría de los videojuegos incluyen música de fondo durante el juego. Además, cada acción del "game play" se suele destacar por medio de un efecto sonoro: por ejemplo, cada vez que el personaje gana puntos, cuando logra ascender de nivel o incluso cuando se pierde la partida usando un efecto sonoro con un tono negativo. Estos efectos de sonido, a diferencia del sonido de fondo, suelen ser muy cortos, alrededor de un segundo. Aquí Pygame también ofrece formas sencillas de configurar estos dos tipos de sonido (sonido de fondo por un lado y efecto de sonido, por otro).

2. Gestión del sonido con Pygame

El módulo que permite la gestión del sonido dentro de Pygame, se llama `pygame.mixer`. Contiene dos conceptos principales:

- El submódulo `music`, que gestiona la música de fondo. Necesariamente solo hay uno a la vez. Se pueden prever diferentes músicas de fondo para diferentes partes del juego, pero solo se reproducirá una.
- El objeto `Sound` de `mixer`, que se puede instanciar varias veces para, por ejemplo, usarlo en los efectos de sonido del juego. Este objeto es el que se utilizará para cada pequeña unidad sonora que participe en el "game play".

En primer lugar, es necesario inicializar este módulo con la función `pygame.mixer.init`. Esta llamada se debe hacer de manera explícita. El módulo `mixer` incluye una serie de herramientas relacionadas con los efectos de sonido, gracias a la clase `Sound`. Este módulo también incluye una especie de submódulo, `music`, dedicado a la gestión del sonido de fondo.

2.1 Los módulos pygame.mixer y pygame.mixer.music

La documentación de los módulos `mixer` y `music` de Pygame está disponible en el capítulo Principales módulos de Pygame.

2.1.1 El módulo pygame.mixer.music (sonido de fondo)

Este módulo Pygame permite administrar el sonido de fondo (único). Estas son las principales funciones disponibles en music:

- `pygame.mixer.music.load` permite cargar un archivo de sonido de fondo.
- `pygame.mixer.music.play` permite reproducir/leer el sonido de fondo.
- `pygame.mixer.music.rewind` permite reanudar el sonido de fondo desde el principio.
- `Pygame.mixer.music.stop` permite detener la reproducción del sonido de fondo.
- `pygame.mixer.music.pause` permite pausar la reproducción.
- `pygame.mixer.music.set_volume` permite ajustar el volumen del sonido de fondo.
- `pygame.mixer.music.get_volume` permite conocer el volumen actual del sonido de fondo.

2.1.2 El módulo pygame.mixer (efectos de sonido)

Para los efectos de sonido, primero debe crear (instanciar) un objeto de tipo `Sound` antes de acceder a un conjunto de funciones comparables a las del submódulo `music`.

`pygame.mixer.Sound` permite crear un objeto nuevo de tipo `Sound`.

Una vez creado el objeto `Sound`, se puede utilizar una de sus funciones. Entre ellas:

- `pygame.mixer.Sound.play` permite reproducir el sonido.
- `pygame.mixer.Sound.stop` permite detener la difusión de sonido.

2.2 Archivos de sonido

Aquí hay un breve recordatorio sobre los diferentes formatos y extensiones de archivos de sonido que se pueden utilizar con Pygame.

Se recomiendan especialmente dos formatos:

- el formato WAV (*Waveform Audio File Format*),
- el formato abierto y gratuito OGG.

Se recomiendan porque su uso no plantea ningún problema, independientemente de la plataforma. No ocurre lo mismo con el formato de compresión de audio MP3, por ejemplo, que según la documentación oficial puede causar problemas de uso en ciertas plataformas, especialmente con la distribución Debian Linux ("*On some systems an unsupported format can crash the program, e.g. Debian Linux. Consider using OGG instead.*").

¿Cómo se obtienen o visualizan archivos de sonido para un sonido de fondo o unos efectos de sonido? Por ejemplo, la música publicada bajo una licencia libre se puede obtener en Internet. También puede crear sus propios archivos de sonido, por ejemplo, grabándolos con la grabadora de un teléfono inteligente o utilizando un software de grabación gratuito como Audacity, que también permite editar audio y exportar sonidos en el formato de su elección, el formato OGG en particular.

2.3 La noción de channel (canal) en Pygame

Pygame ofrece una noción adicional en la gestión del sonido. Esta es la noción de channel (canal en castellano). Un juego tiene varios canales de sonido. Por lo tanto, se puede asignar un sonido al canal número 1 y otro diferente al número 2. Esto significa que es posible reproducir sonidos simultáneamente activando su lectura en diferentes canales, como sugiere el siguiente ejemplo teórico:

```
pygame.mixer.set_num_channels(2)

sound_1 = pygame.mixer.Sound("sonido1.ogg")
sound_2 = pygame.mixer.Sound("sonido2.ogg")

canal_1 = pygame.mixer.Channel(0)
canal_2 = pygame.mixer.Channel(1)

canal_1.play(sound_1)
canal_2.play(sound_2)
```

Observación

Esta noción se discute ampliamente en las secciones El módulo mixer y El módulo music del capítulo Principales módulos de Pygame.

3. Ejemplo de uso de sonido con Pygame

El objetivo de este pequeño ejemplo es utilizar los dos aspectos que se han presentado anteriormente. De esta manera, vamos a crear una ventana de juego a la que asociaremos un sonido de fondo (`music`), así como unos efectos de sonido que se activan cuando se pulsan botones del teclado. Así, durante toda la existencia de la ventana, tendremos el silbato de fondo. Y según los deseos del usuario, pulsando las teclas correspondientes además es posible disponer de otros efectos de sonido (muy cortos).

- El sonido de fondo es un silbato reproducido en bucle.
- Al pulsar la tecla o se reproduce el canto de un gallo.
- Al pulsar la tecla c se emite un ruido de cuervo.
- Al pulsar la tecla v se emite el timbre de una bicicleta.

Al pulsar el botón [Flecha arriba], el volumen de cada uno de los cuatro sonidos aumenta, mientras que al pulsar la tecla [Flecha abajo], este mismo volumen disminuye.

Comenzamos obligatoriamente inicializando el módulo `mixer`.

```
pygame.mixer.init()
```

Posteriormente, creamos el sonido de fondo a partir de un archivo de sonido OGG, que incluye un silbido melódico que dura unas pocas decenas de segundos.

```
SILBATO = pygame.mixer.music.load("silbato.ogg")
```

Seguidamente, puede reproducir este sonido de fondo con la función `play`, que toma dos argumentos:

- El primero permite indicar cuántas veces desea repetir el sonido (aquí, diez veces).
- El segundo, un valor decimal, que indica en segundos el punto del fragmento que constituye el inicio de la emisión.

```
pygame.mixer.music.play(10, 0.0)
```

Ahora definimos los tres efectos de sonido.

```
GALLO= pygame.mixer.Sound("gallo.ogg")
CUERVO = pygame.mixer.Sound("cuervo.ogg")
BICI = pygame.mixer.Sound("timbre.ogg")
```

Se activan presionando una tecla dedicada en el teclado.

```
elif event.key == pygame.K_o:
 GALLO.play()
elif event.key == pygame.K_c:
 CUERVO.play()
elif event.key == pygame.K_v:
 BICI.play()
```

Para terminar, el volumen se debe gestionar aumentándolo o disminuyéndolo, empezando por obtener el volumen actual al que hay que sumar o restar 0.1. De hecho, el volumen se expresa entre 0.0 y 1.0 y, de forma predeterminada, el volumen es 1.0.

```
elif event.key == pygame.K_DOWN:
  VOLUMEN = pygame.mixer.music.get_volume() - 0.1

  pygame.mixer.music.set_volume(VOLUMEN)
  GALLO.set_volume(VOLUMEN)
  CUERVO.set_volume(VOLUMEN)
  BICI.set_volume(VOLUMEN)

elif event.key == pygame.K_UP:
  VOLUMEN = pygame.mixer.music.get_volume() + 0.1

  pygame.mixer.music.set_volume(VOLUMEN)
  GALLO.set_volume(VOLUMEN)
  CUERVO.set_volume(VOLUMEN)
  BICI.set_volume(VOLUMEN)
```

El código completo para el programa es el siguiente:

```
import pygame
import sys

pygame.init()
pygame.mixer.init()

# COLORES
COLOR_BLANCO = pygame.Color(255, 255, 255)

# VENTANA DE 400 POR 400
PANTALLA = pygame.display.set_mode((400, 400))
PANTALLA.fill(COLOR_BLANCO)
pygame.display.set_caption("Capítulo 6, del sonido")

CONTINUAR = True

# SONIDO DE FONDO
SILBATO = pygame.mixer.music.load("silbato.ogg")
pygame.mixer.music.play(1, 0.0)

# EFECTOS SONOROS
GALLO= pygame.mixer.Sound("gallo.ogg")
CUERVO = pygame.mixer.Sound("cuervo.ogg")
BICI = pygame.mixer.Sound("timbre.ogg")

# BUCLE DE JUEGO
while CONTINUAR:

   for event in pygame.event.get():
       if event.type == pygame.QUIT:
           CONTINUAR = False
       elif event.type == pygame.KEYDOWN:
           if event.key == pygame.K_ESCAPE:
               CONTINUAR = False
           elif event.key == pygame.K_o:
               GALLO.play()
           elif event.key == pygame.K_c:
```

```
                CUERVO.play()
            elif event.key == pygame.K_v:
                BICI.play()
            elif event.key == pygame.K_DOWN:
                VOLUMEN = pygame.mixer.music.get_volume() - 0.1
                pygame.mixer.music.set_volume(VOLUMEN)
                GALLO.set_volume(VOLUMEN)
                CUERVO.set_volume(VOLUMEN)
                BICI.set_volume(VOLUMEN)
            elif event.key == pygame.K_UP:
                VOLUMEN = pygame.mixer.music.get_volume() + 0.1
                pygame.mixer.music.set_volume(VOLUMEN)
                GALLO.set_volume(VOLUMEN)
                CUERVO.set_volume(VOLUMEN)
                BICI.set_volume(VOLUMEN)

    pygame.display.flip()
```

4. Conclusión

Hemos visto dos aspectos esenciales de la construcción de un videojuego: los gráficos y el sonido, por lo que estamos preparados para la parte importante de Pygame: la noción de sprite y su uso. El sprite en Pygame es particularmente útil para gestionar colisiones y, por lo tanto, el encuentro entre dos objetos. Esta necesidad se satisface y garantiza fácilmente cuando se usa Pygame y, por lo tanto, sprites.

Capítulo 7
Sprites con Pygame

1. La noción de sprite en Pygame

La noción de sprite es fundamental en el desarrollo de videojuegos y, en particular, en el desarrollo de Pygame. Cuando abordamos el desarrollo de un videojuego, nos damos cuenta de que sistemáticamente encontramos el siguiente patrón recurrente: asociar una ubicación de la ventana con una representación gráfica y un conjunto de propiedades. Esto es cierto siempre: para elementos del escenario, las paredes de un laberinto, los personajes, el héroe o la heroína, los enemigos y, en general, para cualquier elemento gráfico del juego. Obviamente esto es cierto para los objetos que se manipulan durante el escenario del juego. Por ejemplo, armas, objetos utilizados por los personajes o el balón de un juego deportivo.

Por lo tanto, podemos pensar en un sprite como un objeto que asocia una ubicación, una representación gráfica (esta o aquella imagen, por ejemplo) y un conjunto de propiedades. Estas propiedades pueden ser un nombre, un texto, valores booleanos que caracterizan el objeto en cuestión (por ejemplo, si el objeto se puede mover o no).

Una posible traducción del término "sprite" podría ser "imagen-objeto" (en el sentido de programación orientada a objetos), que se actualiza con cada iteración del bucle del juego. Pero cuanto más complejo es el juego, más objetos gráficos tiene que gestionar y actualizar, lo que puede ser tedioso. Por esta razón Pygame formaliza no solo la noción de sprite, sino también la noción de grupo de sprites (group). Esta noción permite agrupar todos los objetos del mismo tipo, por ejemplo, todos los soldados de un ejército, lo que se entiende como una colección de instancias de una clase `Soldado`.

2. La noción de grupo en Pygame

Por un lado, la manipulación de sprites permite no "reinventar la rueda" con cada programa nuevo, sino ser más eficiente en el desarrollo gracias a otra noción: la de grupo. Un grupo es una colección de sprites. Por lo tanto, un determinado procesamiento se puede aplicar a un conjunto o subconjunto de sprites: por ejemplo, cambiar el color de todos los enemigos o hacer invisibles objetos decorativos de un tipo determinado. Las posibilidades son infinitas. Sobre todo, en una línea en el bucle del juego, puede actualizar una gran cantidad de sprites a la vez.

3. Gestión simplificada de colisiones

Además, tener el control sobre todos los sprites del juego y, por lo tanto, sobre todos los objetos gráficos del juego, permite ofrecer una gestión de colisiones particularmente simplificada.

Pero, ¿qué es la gestión de colisiones? Es la gestión del encuentro geométrico de dos objetos gráficos. Por ejemplo, el cohete del capítulo Conceptos del videojuego y primeros pasos con Pygame, no puede sobrepasar los bordes en su desplazamiento lateral. Si simulamos el rebote de un balón en el suelo, el encuentro entre el suelo y el balón es una colisión que hay que gestionar.

Otro ejemplo puede ser un objeto gráfico relacionado con un personaje, que puede agarrar un objeto. El encuentro entre el personaje y el objeto que se va a agarrar es una colisión, igual que la que hay entre una heroína y un enemigo a combatir.

De esta manera, a través de las nociones de sprite y grupo, Pygame ofrece varias funciones que facilitan la gestión de colisiones. Estas funciones son uno de los principales temas de estudio de este capítulo.

4. Algunas explicaciones sobre la programación orientada a objetos

4.1 El paradigma del objeto, las líneas principales

La primera idea de la programación orienta a objetos es manipular objetos que representan un concepto de la realidad o no. Por ejemplo, podemos intentar representar un vehículo y considerar que está compuesto por una matrícula, un color de carrocería y un número de puertas (tres o cinco puertas). También queremos saber si el vehículo funciona o no. Por lo tanto, podemos ver el concepto de vehículo como algo que unifica una cadena de caracteres (matrícula), una segunda cadena de caracteres (color), un valor entero (número de puertas) y un booleano que indica si el automóvil funciona o no. Por último, se considera que el vehículo dispone de dos acciones: avanzar (rodar) y detenerse.

El concepto unificador que agrupa propiedades (matrícula, color, etc.) y posibles acciones (avanzar, detenerse) es el de **clase**. Aquí estamos definiendo el *Vehiculo*.

Las propiedades que caracterizan la clase *Vehiculo* (matrícula, color, etc.) se denominan **atributos**.

Una acción de la clase *Vehiculo* como detenerse o avanzar, es un **método**. Un método no es ni más ni menos que una función definida dentro de una clase. Por lo tanto, es necesario "ser" una instancia de dicha clase para poder llamarlo.

Por lo tanto, una **clase** es un concepto unificador que agrupa una colección de **atributos** y **métodos**. Pero por el momento, solo tenemos el modelo, el molde de lo que representa un vehículo, es decir la clase *Vehiculo*.

Ahora es necesario crear automóviles a partir de este modelo que constituye esta clase *Vehiculo*. Por ejemplo, tendremos los siguientes vehículos:

- Matrícula: AR123; color: rojo; número de puertas: 3; posibilidad de hacer avanzar y detener el vehículo.
- Matrícula: FR456; color: verde; número de puertas: 5; posibilidad de hacer avanzar y detener el vehículo.

Estos dos vehículos diseñados según el modelo de la clase *Vehiculo*, son **instancias** de la clase *Vehiculo*. En resumen, son realizaciones de la clase *Vehiculo*.

Un último punto de nomenclatura: el método que permite instanciar una clase, es decir, construir una instancia de la clase *Vehiculo*, se denomina **constructor**. En Python, existe este tipo de método (*__new__*) pero no se usa directamente, sino que utilizaremos un tipo de método con un uso similar, llamado **inicializador** (*__init__*).

4.2 La herencia

En programación orientada a objetos, la herencia consiste en heredar una clase B de una clase A. Es decir, la clase B se beneficia de las propiedades y métodos de la clase A. Es un tipo de factorización que permite no duplicar aspectos que se pueden factorizar en la clase padre (aquella de la que se hereda).

Por ejemplo, tenemos una clase *Personaje* que tiene ciertas propiedades que queremos compartir con varias clases hijas, por ejemplo, la clase *Druida*.

Una instancia de *Personaje* tiene un nombre, un tipo (de personaje) y la capacidad de cantar.

Por lo tanto, una instancia *Druida* que hereda de la clase *Personaje* tiene un nombre (heredado de *Personaje*), un tipo (heredado de *Personaje*) que se establece en el valor "*DRUIDA*", con la capacidad de cantar (posibilidad heredada de *Personaje*) y la capacidad específica de los druidas de inventar una poción.

Definimos la clase padre, la clase *Personaje*.

```
class Personaje:

 def __init__(self):
   self.NOMBRE = "nombre por defecto "
   self.TIPO = "tipo por defecto "

 def Cantar (self):
   print("El personaje llamado " + self.NOMBRE + " canta.")
```

En Python, indicamos con esta sencilla sintaxis que la clase B hereda de la clase A.

```
B(A)
```

Así que creamos la clase *Druida* que hereda de *Personaje*.

```
class Druida(Personaje):

   def __init__(self, nombre, nivel):
     self.NOMBRE = nombre
     self.TIPO = "DRUIDA"
     self.NIVEL_DRUIDICO = nivel

   def InventarPocion(self):
     print("El druida llamado " + self.NOMBRE + " inventa una poción.")
```

Posteriormente, probamos estas dos clases creando un druida llamado Pygamix.

```
pygamix = Druida("Pygamix", 5)
pygamix.Cantar()
pygamix.InventarPocion()
```

El código completo es el siguiente:

```
class Personaje:

 def __init__(self):
   self.NOMBRE = "nombre por defecto "
   self.TIPO = "tipo por defecto"

 def Cantar(self):
   print("El personaje llamado " + self.NOMBRE + " canta.")

class Druida(Personaje):

   def __init__(self, nombre, nivel):
     self.NOMBRE = nombre
     self.TIPO = "DRUIDA"
     self.NIVEL_DRUIDICO = nivel

   def InventarPocion(self):
     print("El druida llamado " + self.NOMBRE + " inventa una poción.")

pygamix = Druida("Pygamix", 5)
pygamix.Cantar()
pygamix.InventarPocion()
```

Cuando ejecutamos el programa anterior, se obtiene lo siguiente en el terminal:

```
El personaje llamado Pygamix canta.
El druida llamado Pygamix inventa una poción.
```

4.3 Palabras clave fundamentales en Python

4.3.1 La palabra clave self

Hay una palabra clave fundamental en Python cuando se manipula el paradigma de objeto. Se trata de la palabra clave *self*.

Esta palabra clave es el equivalente de *this* en C++ o C# o del *Me* de Visual Basic .NET. Representa la instancia actual. Por lo tanto, en una porción dada del código, podemos especificar que accedemos a un atributo de la instancia actual o que llamamos a un método de la instancia actual.

4.3.2 La palabra clave class

La palabra clave *class* es, como era de esperar, la palabra clave que define una clase en Python.

4.3.3 La palabra clave def

La palabra clave *def* se utiliza para definir una función nueva. También permite definir un método nuevo dentro de una clase.

4.3.4 __Init__

__init__ en realidad no es una palabra clave, pero no importa. Se corresponde con la nomenclatura (obligatoria) del inicializador de clase. Lo que es necesario recordar es que hace posible crear e inicializar una instancia de clase.

4.4 El ejemplo de la clase Vehiculo en Python

Comenzamos definiendo la clase *Vehiculo* con esta línea:

```
Clase Vehiculo:
```

¿Qué se coloca dentro de esta clase? En primer lugar, un inicializador para poder crear una instancia de *Vehiculo*. Por lo tanto, utilizamos *__init__*:

```
     # inicializador de la clase Vehiculo
    def __init__(self, matricula, color, numeroPuertas):
        self.MATRICULA = matricula
        self.COLOR = color
        self.NUMERO = numeroPuertas
        self.AVANZA = False
        print("Construcción de un vehículo: " + self.MATRICULA)
```

Este método inicializador recibe como parámetro una matrícula, un color y un número de puertas que permitirán definir los atributos en cuestión para esta instancia. Por ejemplo, el número de puertas.

```
self.NUMERO = numeroPuertas
```

De forma predeterminada, la instancia de *Vehiculo* está detenida.

```
self.AVANZA = False
```

Al crear una instancia de *Vehiculo* nueva, se muestra un mensaje en el terminal recordando su matrícula.

```
print("Construcción del vehículo: " + self.MATRICULA)
```

También agregamos a la clase un método *Avanzar* que cambia el atributo booleano *AVANZA* a *True*.

```
def Avanzar(self):
 self.AVANZA = True
 print(self.MATRICULA + " avanza.")
```

Simétricamente, añadimos un método *Detener*:

```
def Detener(self):
 self.AVANZA = False
 print(self.MATRICULA + " se detiene.")
```

Ahora tenemos todo lo que necesitamos para usar la clase *Vehiculo*, crear instancias de esta clase y hacer que el vehículo se mueva o se detenga.

Creamos una primera instancia. Esta línea llama al método *__init__* de la clase *Vehiculo*.

```
vehiculo1 = Vehiculo("AR123", "rojo", 3)
```

Entonces podemos hacerlo avanzar.

```
vehiculo1.Avanzar()
```

Y después, detenerlo.

```
vehiculo1.Detener()
```

Finalmente, tenemos el siguiente código global:

```
# Definición de la clase Vehiculo
class Vehiculo:

   # inicializador de la clase Vehiculo
   def __init__(self, matricula, color, numeroPuertas):
       self.MATRICULA = matricula
       self.COLOR = color
       self.NUMERO = numeroPuertas
       self.AVANZA = False
       print("Construcción de un vehículo: " + self.MATRICULA)

   # Método Avanzar
   def Avanzar(self):
       self.AVANZA = True
       print(self.MATRICULA + " avanza.")

   # Método Detener
   def Detener(self):
       self.AVANZA = False
       print(self.MATRICULA + " se detiene.")

# Construcción de una primera instancia
vehiculo1 = Vehiculo("AR123", "rojo", 3)

# Construcción de una segunda instancia
vehiculo2 = Vehiculo("FR456", "verde", 5)

# El primer vehículo avanza
vehiculo1.Avanzar()

# El primer vehículo se detiene
vehiculo1.Detener()
```

Cuando ejecutamos este pequeño programa, obtenemos la siguiente salida en el terminal:

```
Construcción de un vehículo: AR123
Construcción de un vehículo: FR456
AR123 avanza.
AR123 se detiene.
```

4.5 Lo que ya sabíamos... sin saberlo

Es necesario entender que hemos estado usando este mecanismo de instanciación, de construcción de instancias de clase, desde el principio del libro y sin saberlo. Por ejemplo, en el capítulo Añadir sonidos a un juego Pygame.

¿Qué sucede cuando escribimos esta línea?

```
BICI = pygame.mixer.Sound("bici.ogg")
```

Simplemente hacemos lo siguiente: crear una instancia nueva de la clase *Sound*, pasando el nombre del archivo de sonido como argumento del inicializador.

Una vez que se crea esta instancia *BICI*, puede llamar a todos los métodos que desee de esta clase *Sound*. En este caso, podemos llamar al método *play()* para reproducir el efecto de sonido.

```
BICI.play()
```

5. El módulo sprite y su uso

5.1 El contenido del módulo sprite

En el módulo *sprite* están las clases *Sprite* y *Group*, así como una serie de variaciones de la clase *Group*. Como recordatorio, las clases de tipo *Group* son colecciones de objetos *Sprite*, con diferentes formas de organizarlos y usarlos.

Observación

La documentación del módulo *sprite* de Pygame está disponible en el capítulo Principales módulos de Pygame. Detalla el contenido de las clases *Sprite* y *Group*.

5.2 Creación de un sprite

5.2.1 Primer ejemplo de uso

Para ilustrar la creación y el uso de un sprite, vamos a retomar el ejemplo del capítulo Estructura de un juego Pygame, que consiste en hacer rebotar un cuadrado en los bordes laterales de la ventana del juego.

Comenzamos creando una clase *CUADRADO* que hereda de *pygame.sprite. Sprite*.

```
class CUADRADO(pygame.sprite.Sprite):
```

Dentro de esta clase, definimos un inicializador cuya primera acción es llamar de manera explícita al inicializador de la clase madre. Por lo tanto, las instancias de la clase *CUADRADO* se beneficiarán de las características de la clase madre.

```
def __init__(self):
 pygame.sprite.Sprite.__init__(self)
```

Después completamos la definición del inicializador, definiendo la superficie relativa a la forma geométrica, su color de fondo, sus dimensiones y su posición inicial (en el centro de la ventana de juego).

Como la clase *CUADRADO* hereda de la clase *pygame.sprite.Sprite*, también hereda sus atributos que definen la superficie (atributo *image*) y el posicionamiento de esta superficie (atributo *rect*).

También definimos un atributo *DESPLAZAMIENTO* que representa el movimiento en cada iteración.

```
pygame.sprite.Sprite.__init__(self)
self.image = pygame.Surface((80, 80))
self.image.fill(COLOR_ROJO)
self.rect = self.image.get_rect()
self.rect.x = 200
self.rect.y = 200

self.DEPLAZAMIENTO = 3
```

Hasta aquí los atributos. Pero también añadimos un método de clase que resulta ser de gran importancia aquí. Esto se debe a que este método, que es una sobrecarga de un método de la clase madre *pygame.sprite.Sprite*, se llamará automáticamente en cada iteración del bucle del juego. Por lo tanto, tenemos dos consecuencias positivas:

1. El bucle del juego no está demasiado "cargado" por una multitud de actualizaciones y, por lo tanto, obtenemos un código más legible.

2. Cada objeto gráfico "gestiona" él mismo la manera de actualizarse.

El método en cuestión se llama necesariamente *update*. En este caso, tenemos una gestión de colisiones bastante simple. Si llegamos al borde derecho, volvemos a salir con el cuadrado hacia la izquierda. Por el contrario, si llegamos al borde izquierdo, el cuadrado vuelve a salir hacia la derecha.

```
def update(self):
 self.rect.x += self.DESPLAZAMIENTO

 if  self.rect.x >= 320:
   self.rect.x = 320
   self.DESPLAZAMIENTO = -3
 elif  self.rect.x <= 0:
   self.rect.x = 0
   self.DESPLAZAMIENTO = 3
```

En este punto, tenemos esta definición de la clase *CUADRADO*:

```
# ----------------
#
# clase CUADRADO
#
# ----------------
class CUADRADO(pygame.sprite.Sprite):

 def __init__(self):
   pygame.sprite.Sprite.__init__(self)
   self.image = pygame.Surface((80, 80))
   self.image.fill(COLOR_ROJO)
   self.rect = self.image.get_rect()
   self.rect.x = 200
   self.rect.y = 200

   self.DESPLAZAMIENTO = 3

 def update(self):
   self.rect.x += self.DESPLAZAMIENTO

   if  self.rect.x >= 320:
     self.rect.x = 320
     self.DESPLAZAMIENTO = -3
   elif  self.rect.x <= 0:
     self.rect.x = 0
     self.DESPLAZAMIENTO = 3
```

Así es como se explota esta clase.

Recuperamos el conjunto de los sprites existentes (en esta etapa, este conjunto está obviamente vacío). El conjunto de sprites forma...un grupo.

```
all_sprites = pygame.sprite.Group()
```

Instanciamos la clase *CUADRADO*, es decir, creamos un tipo de sprite que se corresponde precisamente con el cuadrado; realizamos lo que se llama una llamada del constructor.

```
 cuadrado = CUADRADO()
```

Lógicamente, añadimos la instancia a la colección global de sprites. Por lo tanto, la instancia se beneficia de la llamada automática del método *update*.

```
all_sprites.add(cuadrado)
```

Para terminar, solo queda una cosa por hacer: administrar los sprites (solo hay una instancia en nuestro ejemplo).

La ventana de juego se actualiza limpiándola y asociándole un fondo de color.

```
    all_sprites.clear(screen, background)
```

Se pide a todos los sprites existentes que se actualicen, en este caso que llamen a sus métodos *update*.

```
    all_sprites.update()
```

Volvemos a dibujar los sprites en la ventana del juego, después de la actualización anterior.

```
    all_sprites.draw(screen)
```

Debajo podemos ver el código global del ejemplo:

```
import sys, pygame

COLOR_ROJO = 255, 0, 0
COLOR_AZUL = 0, 0, 255

# ----------------
#
# clase CUADRADO
#
# ----------------
class CUADRADO(pygame.sprite.Sprite):

 def __init__(self):
   pygame.sprite.Sprite.__init__(self)
   self.image = pygame.Surface((80, 80))
   self.image.fill(COLOR_ROJO)
   self.rect = self.image.get_rect()
   self.rect.x = 200
   self.rect.y = 200

   self.DESPLAZAMIENTO = 3

 def update(self):
   self.rect.x += self.DESPLAZAMIENTO

   if  self.rect.x >= 320:
     self.rect.x = 320
     self.DESPLAZAMIENTO = -3
   elif  self.rect.x <= 0:
     self.rect.x = 0
     self.DESPLAZAMIENTO = 3

# ----------------
#
# Código
```

```
#
# ----------------
pygame.init()
screen = pygame.display.set_mode((400, 400))
background = pygame.Surface(screen.get_size())
background.fill(COLOR_AZUL)
screen.blit(background, (0, 0))

pygame.display.set_caption("El cuadrado que rebota ")

clock = pygame.time.Clock()

XX = 300
DESPLAZAMIENTO = 3

all_sprites = pygame.sprite.Group()
cuadrado = CUADRADO()
all_sprites.add(cuadrado)

while 1:

 for event in pygame.event.get():
   if event.type == pygame.QUIT:
     sys.exit()

   all_sprites.clear(screen, background)
   all_sprites.update()
   all_sprites.draw(screen)

   pygame.display.flip()
```

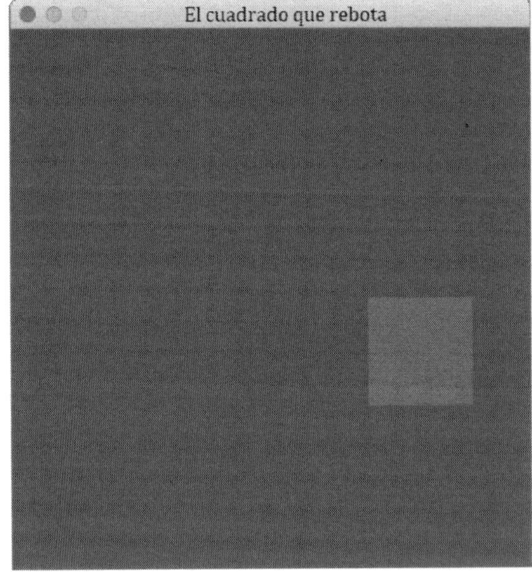

La versión sprite del cuadrado que rebota

5.2.2 Volver al primer ejemplo

Idealmente, la superficie de la ventana de juego se distingue de la del fondo de color, aunque solo sea para usar fácilmente la función *clear*. En el ejemplo, distinguimos la superficie *screen* de la superficie *background*

```
screen = pygame.display.set_mode((400, 400))
background = pygame.Surface(screen.get_size())
background.fill(COLOR_AZUL)
```

Hecha esta aclaración, aquí vamos a hacer un inventario de todas las funciones y métodos relacionados con los sprites que utilizamos en el ejemplo.

Comenzamos creando una clase `Sprite` que hereda de la clase *pygame.sprite.Sprite*. El inicializador de esta clase nueva llama al inicializador de la clase *Sprite*, *pygame.sprite.Sprite.__init__*. Además, asignamos valor a los atributos *image* y *rect* de la clase y definimos un método de clase llamado *update*.

A continuación, se crea una instancia de la clase y se añade a la colección de sprites usando la función *pygame.sprite.Group().add*.

Posteriormente, en el bucle de juego, limpiamos el fondo de la ventana del juego con *pygame.sprite.Group ().clear* y actualizamos todos los sprites gracias a *pygame.sprite.Group().update*. Finalmente, volvemos a dibujar los sprites con *pygame.sprite.Group().draw*.

5.3 Plan para el atributo rect de la clase Sprite

Observación

Los atributos y métodos de *rect* de la clase `Sprite` están documentados en esta dirección web https://www.pygame.org/docs/ref/rect.html

Hemos visto anteriormente lo importante que es el atributo *rect* en la definición de un objeto gráfico. En el ejemplo anterior, usamos dos de sus atributos, *x* e *y*, que definen la esquina superior izquierda del cuadrado. Pero *rect* tiene otros atributos y métodos muy prácticos que, por lo tanto, se deben conocer. De hecho, este atributo *rect* se utiliza mucho; en general, está asociado con una imagen en formato PNG, por ejemplo, de la que se recupera el objeto *rect* gracias a *get_rect*, como en esta línea de código:

```
self.rect = self.image.get_rect()
```

En primer lugar, en términos de dimensiones y posicionamiento, hay una multitud de atributos.

- *x*, *y* (ya mencionados y utilizados)
- *top*, *left*, *bottom*, *right*
- *topleft*, *bottomleft*, *topright*, *bottomright*

- *midtop, midleft, midbottom, midright*
- *center, centerx, centery*
- *size, width, height*
- *w, h*

Los nombres de estos atributos se explican por sí mismos y conocerlos evita hacer conversiones que algunas veces son tediosas.

También hay disponibles varios métodos muy útiles. En particular mencionamos (lista no exhaustiva):

- *move (dx, dy)*: mueve el *rect* de *dx* en abscisas y *dy* en ordenadas.
- *inflate(xx, yy)*: deforma el *rect* en función de las nuevas dimensiones *xx* e *yy*.
- *colliderect(rectB)*: se utiliza para saber si hay una colisión entre el *rect* actual y *rectB*.
- *colliderect(pp)*: se utiliza para saber si hay una colisión entre el *rect* actual y el punto *pp*.

Los dos últimos métodos son particularmente útiles y evitan que se tengan que hacer cálculos tediosos. También es uno de los múltiples beneficios de usar sprites en Pygame.

5.4 La lista de sprites (grupo)

Cuando se usan sprites, es decir, cuando un determinado número de clases del proyecto heredan de la clase *pygame.sprite.Sprite*, utilizamos listas de sprites muy útiles para gestionar colisiones.

Por lo general, tenemos una lista global y algunas listas específicas. Por ejemplo, imaginemos que tenemos en el juego sprites de tipo A (clase *A*) y de tipo B (clase *B*).

Creamos la lista global y una lista por tipo de sprite.

```
LISTA_GLOBAL_SPRITES = pygame.sprite.Group()
LISTA_TIPO_A = pygame.sprite.Group()
LISTA_TIPO_B = pygame.sprite.Group()
```

Se crean dos instancias de *A* (*a1* y *a2*) y una instancia de *B* (*b1*). Cada una se añade a la lista global: las instancias de *A* se añaden a la lista *LISTA_TIPO_A* y la instancia de *B* se añade a la lista *LISTA_TIPO_B*.

```
a1 = A()
LISTA_GLOBAL_SPRITES.add(a1)
LISTA_TIPO_A.add(a1)
a2 = A()
LISTA_GLOBAL_SPRITES.add(a2)
LISTA_TIPO_A.add(a2)
b1 = B()
LISTA_GLOBAL_SPRITES.add(b1)
LISTA_TIPO_A.add(b1)
```

Una vez que haya colocado sabiamente las instancias de sprites en las diversas listas de sprites, la gestión de colisiones será mucho más fácil.

5.5 Gestión de las colisiones con sprites

Muy a menudo, como veremos en el capítulo Llegar más lejos con el módulo sprite, ejemplos aplicados, nos hacemos la pregunta de la colisión entre un sprite dado y una categoría de sprites, generalmente agrupados en una lista de sprites (grupo).

Por lo tanto, podemos plantear la cuestión de la colisión de la instancia de *B* (*b1*) con una de las instancias de *A*, agrupadas en *LISTA_TIPO_A*.

Una función de Pygame que devuelve una lista de sprites en colisión, permite que se haga más fácil: *spritecollide*.

```
spritecollide(sp, gr, dokill, collided = None)
```

Esta función devuelve la lista de sprites resultado de *gr* que colisionan con *sp*. El argumento *dokill* es un booleano. Si es igual a *True*, el *sprite* golpeado se destruye. Esta posibilidad se utilizará en el juego de romper ladrillos, donde el ladrillo se destruye cuando una bola lo golpea. El último argumento *collided* (opcional) permite asociar una función encargada de modificar el criterio para determinar qué es una colisión (por ejemplo, si queremos considerar la colisión de manera un poco diferente).

Continuemos nuestro ejemplo con las instancias de *A* y *B*. Observamos si *b1* colisiona con una instancia de *A*. Si la lista no está vacía, hay una colisión. Establecemos el tercer parámetro con el valor *True* para destruir la instancia alcanzada de *A*.

```
COLISIONES_EVENTUALES = pygame.sprite.spritecollide(b1, LISTA_TIPO_A, True)
if len(COLISIONES_EVENTUALES) > 0:
 print("La instancia de A colisionada se destruye.")
```

Observación

Hay funciones de prueba de colisión en Pygame para todas las situaciones entre un sprite y otro sprite, entre un sprite y una lista de sprites (como antes) y entre dos listas de sprites. Todas estas funciones se detallan en el capítulo Principales módulos de Pygame.

6. Conclusión del capítulo

Ahora tenemos todos los conocimientos necesarios para crear juegos ambiciosos: gráficos, sonido y, con este capítulo, gestión de colisiones. Por lo tanto, podemos desarrollar videojuegos elaborados en Pygame, que es el tema del próximo capítulo.

Capítulo 8

Llegar más lejos con el módulo Sprite, ejemplos aplicados

1. Introducción

El propósito de este capítulo es profundizar en la utilización de los sprites en Pygame, experimentando entre otras cosas con las facilidades ofrecidas para la gestión de colisiones. Por lo tanto, crearemos varios videojuegos utilizando todas las nociones estudiadas anteriormente, comenzando, por supuesto, por los sprites.

Este capítulo se centra en varios ejemplos de videojuegos. En primer lugar, el mítico juego de la serpiente (*snake*). El principio de este juego es que su cabeza nunca debe tocar su cuerpo (en cuyo caso, pierde). Pero cada vez que come, gana un punto y crece, lo que hace que sea difícil (y divertido) moverse cuando ha pasado un tiempo. La comida aparece al azar y desaparece. La serpiente se mueve usando las flechas de dirección.

Continuaremos con un pequeño juego de laberintos en el que se disponen objetos. El objetivo del personaje es recoger todos los objetos, moviéndose dentro del laberinto. Cronometramos el juego. De nuevo, movemos el personaje usando las flechas del teclado.

Posteriormente, construiremos un juego de romper ladrillos. Al igual que el juego de la serpiente, es un clásico de los videojuegos. El jugador mueve una raqueta lateralmente que le permite hacer rebotar una pelota. La pelota puede romper un conjunto de ladrillos colocados en la parte superior de la pantalla. El objetivo obviamente es romper todos los ladrillos.

Por último, vamos a recuperar el juego Cohete y los planetas del capítulo Conceptos del videojuego y primeros pasos con Pygame. Pero esta vez lo programaremos usando sprites.

2. El juego de la serpiente (snake)

2.1 El contexto

Como se acaba de mencionar, este juego es realmente mítico. Se inventó en 1976, se ha implementado en muchos sistemas y basa su originalidad en el hecho de que el obstáculo al movimiento de la serpiente es, después de un cierto tiempo, la propia serpiente. De hecho, la serpiente crece cada vez que devora alimentos. Cuando la serpiente come comida, se gana un punto. Para terminar, la comida aparece en lugares elegidos al azar que permanecen visibles durante unos segundos. Posteriormente, otros elementos alimenticios aparecen en otros lugares y desaparecen, etc.

2.2 Las imágenes utilizadas

Vamos a empezar definiendo las imágenes que se utilizarán en este juego.

- Una imagen para representar la cabeza de la serpiente. No importa cuál es su orientación. Vamos a gestionar esto con código, utilizando rotaciones.
- Una imagen que representa un elemento del cuerpo de la serpiente.
- Una imagen que representa la comida violeta ingerida por la serpiente.

A continuación, se muestran las tres imágenes en formato PNG. Es esencial tener las mismas dimensiones para cada una de las imágenes, con el fin de asegurarse de que el enfoque basado en sprites no se distorsiona. Cada una de las imágenes es de forma cuadrada y tiene una dimensión de 32 x 32 píxeles.

- Cabeza de la serpiente:

- Cuerpo de la serpiente:

- Un elemento alimenticio:

2.3 Efectos de sonido utilizados

Prevemos dos efectos de sonido: uno que se reproduce cuando aparece la comida y cuando la serpiente se la come, y otro cuando se pierde el juego. Ambos archivos tienen una extensión .wav.

2.4 El programa global

Aquí está el código general del juego, así como una captura de pantalla del juego. A continuación, vamos a explicar todos los aspectos del código. Procederemos de la misma manera para cada uno de los siguientes juegos.

Tenemos tres clases que heredan de la clase *Sprite* de Pygame.

- La clase *SERPIENTE* que se define como una cabeza a la que podemos añadir elementos de cuerpo (de la serpiente), aquí instancias de la clase *CUERPO*.
- La clase *CUERPO* que representa un elemento del cuerpo de la serpiente.
- La clase *COMIDA* que se utiliza para organizar diferentes alimentos en la ventana del juego.

```
import pygame, random sys
pygame.mixer.init()

NEGRO = (0, 0, 0)
BLANCO = (255, 255, 255)

BALDOSA_TAMANIO = 32
BALDOSA_NUMERO = 15
MARCADOR_ALTURA = 32

ANCHURA = BALDOSA_TAMANIO * BALDOSA_NUMERO
ALTURA = BALDOSA_TAMANIO * BALDOSA_NUMERO + MARCADOR_ALTURA

PUNTO_UNIDAD = 1
DURACION_COMIDA_DESAPARICION = 5500

# CLASE SERPIENTE
class SERPIENTE(pygame.sprite.Sprite):
 def __init__(self):
   pygame.sprite.Sprite.__init__(self)

   self.SONIDO_COMIDA = pygame.mixer.Sound('COMIDA.wav')
   self.SONIDO_COMIDA.set_volume(1.0)

   self.CABEZA = pygame.image.load("CABEZA.png").convert_alpha()
   self.image = self.CABEZA

   self.rect = self.image.get_rect()
   self.rect.y = (BALDOSA_NUMERO / 2) * BALDOSA_TAMANIO
   self.rect.x = (BALDOSA_NUMERO / 2) * BALDOSA_TAMANIO

   self.PUNTOS = 0
   self.DIRECCION = 'I'
   self.TERMINADO = False

 def AGREGAR_NUEVO_CUERPO(self):
```

```
    nuevo_cuerpo = CUERPO(self.rect.x, self.rect.y)
    LISTA_SERPIENTE.add(nuevo_cuerpo)
    LISTA_GLOBAL_SPRITES.add(nuevo_cuerpo)

  def update(self):
    COORD_ACTUAL_X = self.rect.x
    COORD_ACTUAL_Y = self.rect.y

    if self.DIRECCION == 'I':
      self.image = pygame.transform.rotate(self.CABEZA, 90)
      self.rect.x -= BALDOSA_TAMANIO
    elif self.DIRECCION == 'D':
      self.image = pygame.transform.rotate(self.CABEZA, -90)
      self.rect.x += BALDOSA_TAMANIO
    elif self.DIRECCION == 'A':
      self.image = pygame.transform.rotate(self.CABEZA, 0)
      self.rect.y -= BALDOSA_TAMANIO
    elif self.DIRECCION == 'B':
      self.image = pygame.transform.rotate(self.CABEZA, 180)
      self.rect.y += BALDOSA_TAMANIO

    for ELT in LISTA_SERPIENTE:
      x = ELT.GET_X()
      y = ELT.GET_Y()
      ELT.set_xy(COORD_ACTUAL_X, COORD_ACTUAL_Y)
      COORD_ACTUAL_X = x
      COORD_ACTUAL_Y = y

    if self.rect.x >= ANCHURA:
      self.rect.x = 0
    elif self.rect.x < 0:
      self.rect.x = ANCHURA - BALDOSA_TAMANIO
    elif self.rect.y >= ALTURA:
      self.rect.y = MARCADOR_ALTURA
    elif self.rect.y < MARCADOR_ALTURA:
      self.rect.y = ALTURA - MARCADOR_ALTURA

    LISTA_COLISION_SERPIENTE = pygame.sprite.spritecollide(self,
LISTA_SERPIENTE, False)
    if len(LISTA_COLISION_SERPIENTE):
      print("Perdido")
      self.TERMINADO = True

    LISTA_COLISION_COMIDA = pygame.sprite.spritecollide(self, LISTA_COMIDA,
False)
    for comida in LISTA_COLISION_COMIDA:
      comida.kill()
      self.AGREGAR_NUEVO_CUERPO()
      self.SONIDO_COMIDA.play()
      self.PUNTOS += PUNTO_UNIDAD


# CLASE CUERPO
class CUERPO(pygame.sprite.Sprite):
  def __init__(self, x, y):
    pygame.sprite.Sprite.__init__(self)

    self.image = pygame.image.load("CUERPO.png").convert_alpha()

    self.rect = self.image.get_rect()
    self.rect.x = x
    self.rect.y = y

  def GET_X(self):
    return self.rect.x
```

```
 def GET_Y(self):
   return self.rect.y

 def set_xy(self, x, y):
   self.rect.x = x
   self.rect.y = y

# CLASE COMIDA
class COMIDA(pygame.sprite.Sprite):
 def __init__(self):
   pygame.sprite.Sprite.__init__(self)

   self.image = pygame.image.load("COMIDA.png").convert_alpha()

   self.rect = self.image.get_rect()
   self.rect.y = random.randint(0, BALDOSA_NUMERO - 1) * BALDOSA_TAMANIO +
MARCADOR_ALTURA
   self.rect.x = random.randint(0, BALDOSA_NUMERO - 1) * BALDOSA_TAMANIO

   self.time = pygame.time.get_ticks()

 def update(self):
   if pygame.time.get_ticks() - self.time > DURACION_COMIDA_DESAPARICION:
     self.kill()

# MOSTRAR_MARCADOR
def MOSTRAR_MARCADOR():
 font = pygame.font.SysFont('Arial', BALDOSA_TAMANIO - 5)
 background = pygame.Surface((ANCHURA, MARCADOR_ALTURA))
 background = background.convert()
 background.fill(BLANCO)
 text = font.render("Puntos = %d" % _serpiente.PUNTOS, 1, NEGRO)
 textpos = text.get_rect(centerx=ANCHURA / 2, centery=MARCADOR_ALTURA / 2)
 background.blit(text, textpos)
 screen.blit(background, (0, 0))

pygame.init()

screen = pygame.display.set_mode([ANCHURA, ALTURA])
pygame.display.set_caption('El juego de la serpiente')

LISTA_SERPIENTE = pygame.sprite.Group()
LISTA_COMIDA = pygame.sprite.Group()
LISTA_GLOBAL_SPRITES = pygame.sprite.Group()

SONIDO_COMIDA = pygame.mixer.Sound('COMIDA.wav')
SONIDO_COMIDA.set_volume(1.0)

SONIDO_PERDIDO = pygame.mixer.Sound('PERDIDO.wav')
SONIDO_PERDIDO.set_volume(1.0)

_serpiente = SERPIENTE()
LISTA_GLOBAL_SPRITES.add(_serpiente)

clock = pygame.time.Clock()

print("Empecemos...")

TERMINADO = False

while not TERMINADO:
 for event in pygame.event.get():
   if event.type == pygame.QUIT:
     TERMINADO = True
```

```
        elif event.type == pygame.KEYDOWN:
          if event.key == pygame.K_LEFT and _serpiente.DIRECCION != 'D':
            _serpiente.DIRECCION = 'I'
            break
          elif event.key == pygame.K_RIGHT and _serpiente.DIRECCION != 'I':
            _serpiente.DIRECCION = 'D'
            break
          elif event.key == pygame.K_UP and _serpiente.DIRECCION != 'B':
            _serpiente.DIRECCION = 'A'
            break
          elif event.key == pygame.K_DOWN and _serpiente.DIRECCION != 'A':
            _serpiente.DIRECCION = 'B'
            break

  if random.randint(0, 18) == 0:
    _comida = COMIDA()

    LISTA_CONFLICTO = pygame.sprite.spritecollide(_comida, LISTA_GLOBAL_SPRITES,
False)
    if len(LISTA_CONFLICTO) == 0:
      SONIDO_COMIDA.play()
      LISTA_GLOBAL_SPRITES.add(_comida)
      LISTA_COMIDA.add(_comida)

  LISTA_GLOBAL_SPRITES.update()
  screen.fill(BLANCO)

  LISTA_GLOBAL_SPRITES.draw(screen)
  MOSTRAR_MARCADOR()

  if _serpiente.TERMINADO:
    SONIDO_PERDIDO.play()
    pygame.time.wait(5000)
    TERMINADO = True

  pygame.display.flip()
  clock.tick(7)

print("Su puntuación: %d puntos" % _serpiente.PUNTOS)
pygame.quit()
```

Aquí hay una captura de pantalla del juego de la serpiente.

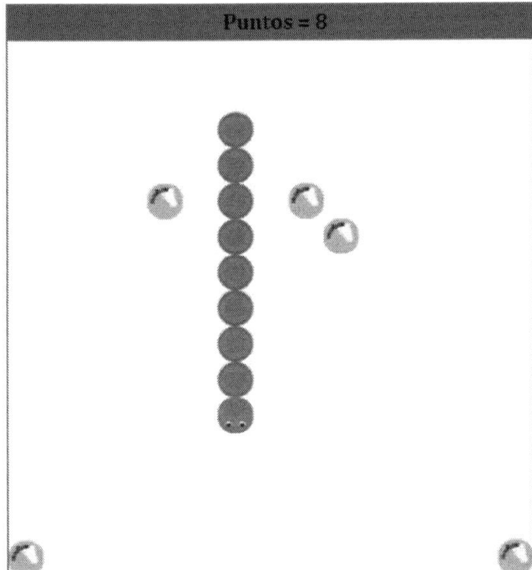

Captura de pantalla del juego de la serpiente

2.5 Listas de sprites (group)

Vamos a definir varias listas de sprites que permitirán, entre otras cosas, gestionar fácilmente las colisiones. De hecho, tenemos que probar varios tipos de colisiones:

- Colisión de serpiente con comida: implica añadir un elemento de cuerpo a la serpiente y un punto al marcador.
- Colision de serpiente consigo misma: el juego termina.

Las tres listas que se definen son, respectivamente:

- La lista compuesta por los elementos del cuerpo de la serpiente.
- La lista de alimentos dispuestos en la ventana del juego.
- La lista de todos los sprites en el juego (elementos de la serpiente o elementos de comida).

A continuación, se muestra el fragmento de código de sus definiciones.

```
LISTA_SERPIENTE = pygame.sprite. Group()
LISTA_COMIDA = pygame.sprite.Group()
LISTA_GLOBAL_SPRITES = pygame.sprite.Group()
```

2.6 Variables globales

Aprovechamos la oportunidad para introducir aquí la noción de baldosa. Una baldosa se considera como una entidad elemental en la ventana del juego. En este caso, una baldosa es un cuadrado simple. Por lo tanto, la ventana del juego se puede ver como un tablero de ajedrez (o una matriz) de n x m baldosas. Otra ventaja, cada uno de los cuadrados de tablero de ajedrez "alberga" o no un elemento del juego: la cabeza de la serpiente, un elemento del cuerpo de la serpiente o un elemento de comida.

Definimos la dimensión de la baldosa (una unidad cuadrada).

```
BALDOSA_TAMANIO = 32
```

Así que una baldosa es un cuadrado de 32 por 32. En sí, el área de juego es un cuadrado de 15 x 15 baldosas.

```
BALDOSA_NUMERO = 15
```

Se proporciona un área encima de la zona de juego para mostrar el marcador. Su altura se define, por ahora, con el mismo tamaño que una baldosa.

```
MARCADOR_ALTURA = 32
```

Aprovechamos para definir los colores que necesitamos.

```
NEGRO = (0, 0, 0)
BLANCO = (255, 255, 255)
```

Ya tenemos todo lo que necesitamos para definir la ventana de juego.

El ancho de la ventana en primer lugar:

```
ANCHURA = BALDOSA_TAMANIO * BALDOSA_NUMERO
```

Posteriormente, la altura de esta ventana (no olvidamos el pequeño espacio en la parte superior de la ventana para visualizar el marcador):

```
ALTURA = BALDOSA_TAMANIO * BALDOSA_NUMERO + MARCADOR_ALTURA
```

Especificamos otro aspecto, la cantidad de puntos que se ganan cada vez que la serpiente ingiere un alimento:

```
PUNTO_UNIDAD = 1
```

Para terminar, definimos el tiempo de visualización de un elemento de comida, expresado en milisegundos. Un alimento permanece visible durante 5,5 segundos.

```
DURACION_COMIDA_DESAPARICION = 5500
```

2.7 Las clases

Ahora tenemos lo esencial para definir los sprites, es decir, las clases que vamos a usar que heredan de la clase *Sprite* de Pygame.

2.7.1 La clase SERPIENTE

Solo habrá una instancia de la clase *SERPIENTE*. De hecho, solo hay una serpiente en el juego.

Hacemos que la clase *SERPIENTE* herede de la clase *pygame.sprite.Sprite* de Pygame.

```
clase SERPIENTE(pygame.sprite.Sprite):
```

En esta clase, definimos el método *__init__*, que comienza llamando a la clase madre *pygame.sprite.Sprite*.

```
def __init__(self):
 pygame.sprite.Sprite.__init__(self)
```

En este método *__init__* se define el efecto sonoro relacionado con la acción de comer alimentos.

```
self.SONIDO_COMIDA = pygame.mixer.Sound('COMIDA.wav')
self.SONIDO_COMIDA.set_volume(1.0)
```

Posteriormente, definimos la imagen relacionada con la cabeza de la serpiente.

```
self.CABEZA = pygame.image.load("CABEZA.png").convert_alpha()
self.image = self.CABEZA
```

La cabeza de la serpiente se coloca aproximadamente en el centro de la ventana del juego.

```
self.rect = self.image.get_rect()
self.rect.y = (BALDOSA_NUMERO / 2) * BALDOSA_TAMANIO
self.rect.x = (BALDOSA_NUMERO / 2) * BALDOSA_TAMANIO
```

Se añade un atributo *PUNTOS* para mantener el número de puntos obtenidos.

```
self.PUNTOS = 0
```

Añadimos un atributo *DIRECCION* que permite guardar la dirección actual que toma la serpiente: *'I'* para la izquierda, *'D'* para la derecha, *'A'* para la arriba y *'B'* para abajo.

```
self.DIRECCION = 'I'
```

El booleano *TERMINADO* indica si el juego ha terminado o no.

```
self.TERMINADO = False
```

Hasta aquí los atributos. Ahora añadimos los métodos a la clase. Comenzamos definiendo un método que permite agregar un cuerpo a la serpiente. Por lo tanto, instanciamos una clase *CUERPO* (que se estudiará más adelante) pasando a su constructor las coordenadas de ubicación. Después, esta instancia se añade a la lista de la serpiente, así como a la lista global de sprites.

```
def AGREGAR_NUEVO_CUERPO(self):
 nuevo_cuerpo = CUERPO(self.rect.x, self.rect.y)
 LISTA_SERPIENTE.add(nuevo_cuerpo)
 LISTA_GLOBAL_SPRITES.add(nuevo_cuerpo)
```

Ahora es el momento de implementar el método *update*.

```
def update(self):
```

Comenzamos almacenando las coordenadas actuales de la serpiente.

```
COORD_ACTUAL_X = self.rect.x
COORD_ACTUAL_Y = self.rect.y
```

Después gestionamos el desplazamiento. En cada iteración, desplazamos el tamaño correspondiente a una baldosa. También es necesario girar la cabeza de la serpiente en la dirección correcta, probando el atributo *DIRECCION*.

```
   if self.DIRECCION == ‘I’:
     self.image = pygame.transform.rotate(self.CABEZA, 90)
     self.rect.x -= BALDOSA_TAMANIO
   elif self.DIRECCION == 'D':
     self.image = pygame.transform.rotate(self.CABEZA, -90)
     self.rect.x += BALDOSA_TAMANIO
   elif self.DIRECCION == ‘A’:
     self.image = pygame.transform.rotate(self.CABEZA, 0)
     self.rect.y -= BALDOSA_TAMANIO
   elif self.DIRECCION == 'B':
     self.image = pygame.transform.rotate(self.CABEZA, 180)
     self.rect.y += BALDOSA_TAMANIO
```

Actualizamos las coordenadas de cada elemento que compone la serpiente.

```
for ELT in LISTA_SERPIENTE:
 x = ELT.GET_X()
 y = ELT.GET_Y()
 ELT.set_xy(COORD_ACTUAL_X, COORD_ACTUAL_Y)
 COORD_ACTUAL_X = x
 COORD_ACTUAL_Y = y
```

En este punto, se implementa otra funcionalidad. Tomamos la siguiente decisión: si la serpiente alcanza un borde, reaparece desde el borde opuesto. Se podría haber considerado que llegar a un borde de la ventana del juego puede provocar al final del juego. Esta no es la opción aquí, para mejorar la jugabilidad (de hecho, la ventana del juego es bastante pequeña). Este es el propósito del siguiente código.

```
if self.rect.x >= ANCHURA:
 self.rect.x = 0
elif self.rect.x < 0:
 self.rect.x = ANCHURA - BALDOSA_TAMANIO
elif self.rect.y >= ALTURA:
 self.rect.y = MARCADOR_ALTURA
elif self.rect.y < MARCADOR_ALTURA:
 self.rect.y = ALTURA - MARCADOR_ALTURA
```

Para terminar, gestionaremos las colisiones de una manera muy sencilla: utilizando la noción de sprite.

Empezamos comprobando si la serpiente se ha golpeado a sí misma. Para hacer esto, utilizamos la función *pygame.sprite.spritecollide(sprite, group, dokill)*. Por lo tanto, se verifica que la serpiente, instancia de *SERPIENTE*, está o no colisionando con un elemento de *LISTA_SERPIENTE*. El argumento booleano *dokill* se utiliza para eliminar de la lista de sprites a los implicados en la colisión (group). La función *pygame.sprite.spritecollide* devuelve una lista de resultados. Si la lista está vacía, no hay colisión, pero si tiene al menos un elemento, hay al menos una colisión.

```
LISTA_COLISION_SERPIENTE = pygame.sprite.spritecollide(self, LISTA_SERPIENTE,
False)
```

Ahora analizamos *LISTA_COLISION_SERPIENTE* y vemos si este resultado de colisión está vacío o no.

```
if len(LISTA_COLISION_SERPIENTE):
 print("Perdido")
 self.TERMINADO = True
```

Otra colisión para verificar: la colisión serpiente/comida. De manera idéntica, se comprueba si la serpiente ha golpeado uno de los elementos de comida.

```
LISTA_COLISION_COMIDA = pygame.sprite.spritecollide(self, LISTA_COMIDA, False)
```

Como hemos hecho antes, vamos a verificar si se ha producido una colisión (una colisión aquí indica que la serpiente ha comido un elemento de comida). Para cada elemento de comida ingerido por la serpiente:

- se elimina el elemento alimenticio,
- se añade un cuerpo nuevo a la serpiente gracias al método dedicado estudiado previamente,
- reproducimos el sonido corto,
- el contador de puntos se incrementa.

```
for comida in LISTA_COLISION_COMIDA:
 comida.kill()
 self.AGREGAR_NUEVO_CUERPO()
 self.SONIDO_COMIDA.play()
 self.PUNTOS += PUNTO_UNIDAD
```

En esta clase *SERPIENTE* se gestionan los dos tipos de colisiones importantes del juego. Las otras dos clases, *CUERPO* y *COMIDA*, se escribirán más rápido.

2.7.2 La clase CUERPO

Funcionalmente, la clase *CUERPO* se instancia cuando la serpiente ha comido un elemento de comida. En este caso, la serpiente crece y se alarga una unidad de *CUERPO*. Como de costumbre, esta clase es un sprite y hereda de la clase *pygame.sprite.Sprite*.

```
class CUERPO(pygame.sprite.Sprite):
```

Como de costumbre, empezamos llamando al inicializador/constructor de la clase *pygame.sprite.Sprite*, pasando como argumento las coordenadas x e y del *CUERPO* que se va a instanciar.

```
def __init__(self, x, y):
   pygame.sprite.Sprite.__init__(self)
```

Empezamos definiendo el atributo image.

```
self.image = pygame.image.load("CUERPO.png").convert_alpha()
```

Se gestionan los aspectos de las coordenadas.

```
self.rect = self.image.get_rect()
self.rect.x = x
self.rect.y = y
```

Para terminar, se definen métodos que se podrían describir como descriptores de acceso. Se utilizan para obtener o modificar los valores de *rect.x* y *rect.y*.

```
def GET_X(self):
 return self.rect.x

def GET_Y(self):
 return self.rect.y

def set_xy(self, x, y):
 self.rect.x = x
 self.rect.y = y
```

2.7.3 La clase COMIDA

Es la tercera y última clase del programa. Se utiliza para instanciar los objetos que representan comida. Una vez más, como era de esperar, heredamos de *pygame.sprite.Sprite* y definimos su inicializador de la forma habitual.

```
class COMIDA(pygame.sprite.Sprite):
 def __init__(self):
   pygame.sprite.Sprite.__init__(self)
```

En este método *__init__*, se definen varias cosas. En primer lugar, la imagen de un elemento de comida:

```
self.image = pygame.image.load("COMIDA.png").convert_alpha()
```

Seguidamente, las coordenadas de este elemento de comida, que se coloca al azar. Para ello, utilizamos el módulo *random* y su función *randint*. Esta función permite obtener un número entero entre dos límites que se pasan como argumento. Por ejemplo, la siguiente línea extrae un entero aleatorio entre 1 y 10.

```
random.randint(1,10)
```

Aquí, el elemento de comida se coloca al azar en el área de juego.

```
self.rect = self.image.get_rect()
self.rect.y = random.randint(0, BALDOSA_NUMERO - 1) * BALDOSA_TAMANIO +
MARCADOR_ALTURA
self.rect.x = random.randint(0, BALDOSA_NUMERO - 1) * BALDOSA_TAMANIO
```

Finalmente definimos el método *update* encargado de hacer desaparecer el elemento de comida después de algunos segundos.

```
def update(self):
 if pygame.time.get_ticks() - self.time > DURACION_COMIDA_DESAPARICION:
 self.kill()
```

2.8 El programa

2.8.1 La función MOSTRAR_MARCADOR

Un comentario sobre esta función que no presenta ninguna dificultad particular. Cuando se llama, su función es mostrar el marcador actual del juego. Se trata básicamente de colocar en el lugar correcto una cadena de caracteres que incluya la puntuación actualizada, y luego refrescar la pantalla.

```
def MOSTRAR_MARCADOR():
 font = pygame.font.SysFont('Arial', BALDOSA_TAMANIO - 5)
 background = pygame.Surface((ANCHURA, MARCADOR_ALTURA))
 background = background.convert()
 background.fill(BLANCO)
 text = font.render("Puntos = %d" % _serpiente.PUNTOS, 1, NEGRO)
 textpos = text.get_rect(centerx=ANCHURA / 2, centery=MARCADOR_ALTURA / 2)
 background.blit(text, textpos)
 screen.blit(background, (0, 0))
```

Una vez definidas las variables globales, clases y función encargada de mostrar la puntuación, abordamos el programa que utiliza todo esto para conseguir el objetivo funcional.

2.8.2 El cuerpo del programa

Comenzamos instanciando la clase *SERPIENTE*. Tenemos la serpiente que añadimos a la lista global de los sprites.

```
_serpiente = SERPIENTE()
LISTA_GLOBAL_SPRITES.add(_serpiente)
```

Definimos un reloj y un booleano capaz de interrumpir el bucle del juego.

```
clock = pygame.time.Clock()
TERMINADO = False
```

Ahora definimos el bucle del juego. Su primera función es interceptar las pulsaciones en las teclas de dirección del teclado y modificar en consecuencia el atributo *DIRECTION* de la instancia *SERPIENTE*.

```
while not TERMINADO:
 for event in pygame.event.get():
   if event.type == pygame.QUIT:
     TERMINADO = True
   elif event.type == pygame.KEYDOWN:
     if event.key == pygame.K_LEFT and _serpiente.DIRECCION != 'D':
       _serpiente.DIRECCION = ‘I’
       break
   elif event.key == pygame.K_RIGHT and _serpiente.DIRECCION != ‘I’:
     _serpiente.DIRECCION = 'D'
     break
   elif event.key == pygame.K_UP and _serpiente.DIRECCION != 'B':
     _serpiente.DIRECCION = ‘A’
     break
   elif event.key == pygame.K_DOWN and _serpiente.DIRECCION != ‘A’:
     _serpiente.DIRECCION = 'B'
     break
```

Todavía en el bucle del juego, bajo la condición de un sorteo aleatorio, se crea una instancia de un elemento de comida.

```
if random.randint(0, 18) == 0:
 _comida = COMIDA()
```

Una vez creado el elemento, surge la pregunta de su visualización. Este elemento de comida solo se mostrará si se añade a la lista global de sprites (group). Pero antes de proceder con la adición, hay que verificar otro aspecto importante. De hecho, el cálculo aleatorio de las coordenadas de este elemento de comida podría posicionarlo en otro elemento de comida o incluso en la propia serpiente. Esto sería antiestético e incluso podría comprometer la capacidad del jugador de continuar con el juego. Se plantea la pregunta: ¿el nuevo sprite de tipo comida está en las mismas coordenadas que otro sprite existente? Responder a esta pregunta simplemente consiste en proceder con una gestión de colisiones, que se puede expresar de la siguiente manera:

```
LISTA_CONFLICTO = pygame.sprite.spritecollide(_comida, LISTA_GLOBAL_SPRITES,
False)
```

Si *LISTA_CONFLICTO* está vacío, significa que no hay colisión. De hecho, podemos añadir este elemento de comida al juego. De paso, reproducimos un sonido corto.

```
if len(LISTA_CONFLICTO) == 0:
 SONIDO_COMIDA.play()
 LISTA_GLOBAL_SPRITES.add(_comida)
 LISTA_COMIDA.add(_comida)
```

Falta hacer las distintas actualizaciones relacionadas con los esprites.

```
LISTA_GLOBAL_SPRITES.update()
screen.fill(BLANCO)

LISTA_GLOBAL_SPRITES.draw(screen)
MOSTRAR_MARCADOR()
```

Si *TERMINADO* cambia a *True*, es porque la gestión de colisiones en la clase *SERPIENTE* ha concluido debido a que la serpiente ha chocado consigo misma. Reproducimos el efecto de sonido asociado a una parte perdida. También configuramos un retraso de 5 segundos, el tiempo para leer la puntuación final antes de interrumpir el juego.

```
if _serpiente.TERMINADO:
  SONIDO_PERDIDO.play()
  pygame.time.wait(5000)
  TERMINADO = True
```

3. El juego del laberinto

3.1 El contexto

Definimos un pequeño juego del laberinto cuyo objetivo es recoger diez objetos dispuestos aleatoriamente en los pasillos del laberinto, en el mínimo tiempo posible. Por lo tanto, mostraremos un cronómetro para que el jugador pueda ver el tiempo consumido.

Presentamos la gestión de colisiones que habrá que hacer:

- Queremos comprobar que los objetos están en los pasillos y no en las paredes del laberinto. El personaje debe tener acceso a los objetos.
- Cuando el personaje recoge un objeto, se trata de una colisión que se debe manejar de manera similar a lo que hemos hecho cuando la serpiente (juego anterior) come comida.

Podríamos haber colocado al personaje en una entrada y con la misión adicional de salir por una salida determinada después de recoger todos los objetos, pero la mayor parte del desarrollo y la manipulación de los sprites no se centra en esa parte. Esta elección también permite simplificar el ejemplo y lo hace más legible.

3.2 Diseño del laberinto

Vamos a reflexionar sobre cómo mostrar el laberinto. Es necesario definir su recorrido y comprobar que cada punto del laberinto está conectado con cualquier otro punto del laberinto, para estar seguros de que el personaje será capaz de recuperar todos los objetos. Si pensamos en el laberinto como en una red, queremos definir una red **conectada**.

El enfoque más sensato es definir el laberinto en un archivo externo y definir un código para indicar que en un punto determinado hay una pared y en otro lugar un pasillo.

A continuación, se muestra el contenido del archivo Laberinto.txt donde el carácter M representa una pared y el carácter espacio representa un pasillo.

```
MMMMMMMMMMMMMMMMMMMMMMMMM
M                       M
MMMMMMM MMMMM MMMM MMMM M
M                       M
MMMMMMMMMM MMMMMMMMMMMMMM
M      MMM MM           M
MMMM M        MM MMM M MM
M  M MMMMMMMMMMM MMM M  M
M  M           M MMM M  M
M  MMMMM MMMMMMM MMM MMMM
M                       M
M MMMMMMMMM MMMMMM MMMMMM
M             MM       MM
MMMMMM MMMMMMMMMMM MMMMMM
MM MMM M                M
MM MMM M MMMMMMMMMMMMM MM
MM MMM           MMMMM MM
MM MMMMMMMMMMM MMMMMM MM
MM                     MM
MMMMMM     MMMMMMMM MMMMM
MMMMMM MMMMMM       MMMMM
M         MMM MMMMM     M
MMMMMMMMM MMM MMMMMM    M
M                  MMMMMM
MMMMMMMMMMMMMMMMMMMMMMMMM
```

Más adelante veremos cómo leer este archivo externo y cómo crear correctamente los objetos de tipo *PARED* de la manera adecuada.

3.3 Las imágenes utilizadas

Las imágenes son cuadradas de tamaño 30 por 30, exactamente el tamaño de los futuros sprites.

Primero tenemos la imagen para las paredes:

Tenemos una imagen para el personaje:

Y finalmente, tenemos una imagen para los objetos:

3.4 El programa global

Tenemos cuatro archivos importantes en este caso:

- CLASES.py agrupa las clases utilizadas en el juego.
- CONSTANTES.py reúne las constantes del juego.
- GAME.py, el programa principal, incluye el bucle de juego.
- Laberinto.txt, ya mencionado, incluye la definición del laberinto.

CLASE.py

```
import pygame, random, sys
from CONSTANTES import *
from datetime import timedelta, datetime, date, time

LISTA_OBJETOS = pygame.sprite.Group()
LISTA_PAREDES = pygame.sprite.Group()
LISTA_GLOBAL_SPRITES = pygame.sprite.Group()

class PARED(pygame.sprite.Sprite):
 def __init__(self, x, y):
   pygame.sprite.Sprite.__init__(self)
   self.image = pygame.image.load("PARED.png").convert_alpha()
   self.rect = self.image.get_rect()
   self.rect.y = BALDOSA_TAMANIO * y + MARCADOR_ALTURA
   self.rect.x = BALDOSA_TAMANIO * x

class OBJETO(pygame.sprite.Sprite):
 def __init__(self):
   pygame.sprite.Sprite.__init__(self)
   self.image = pygame.image.load("OBJETO.png").convert_alpha()
   self.rect = self.image.get_rect()
   self.rect.y = random.randint(0, BALDOSA_NUMERO - 1) * BALDOSA_TAMANIO +
MARCADOR_ALTURA
   self.rect.x = random.randint(0, BALDOSA_NUMERO - 1) * BALDOSA_TAMANIO

class PERSONAJE(pygame.sprite.Sprite):
 def __init__(self):
   pygame.sprite.Sprite.__init__(self)
   self.image = pygame.image.load("PERSONAJE.png").convert_alpha()
   self.rect = self.image.get_rect()
   self.rect.y = random.randint(0, BALDOSA_NUMERO - 1) * BALDOSA_TAMANIO +
MARCADOR_ALTURA
   self.rect.x = random.randint(0, BALDOSA_NUMERO - 1) * BALDOSA_TAMANIO
   self.PUNTOS = 0
   self.TERMINADO = False
   self.DIRECCION = '-'
   self.crono = Crono()

 def update(self):
   X_ACTUAL = self.rect.x
   Y_ACTUAL = self.rect.y
   if self.DIRECCION == 'I':
     self.rect.x -= BALDOSA_TAMANIO
     self.DIRECCION = '-'
   elif self.DIRECCION == 'D':
```

```
      self.rect.x += BALDOSA_TAMANIO
      self.DIRECCION = '-'
    elif self.DIRECCION == 'A':
      self.rect.y -= BALDOSA_TAMANIO
      self.DIRECCION = '-'
    elif self.DIRECCION == 'B':
      self.rect.y += BALDOSA_TAMANIO
      self.DIRECCION = '-'

    LISTA_COLISION_PARED = pygame.sprite.spritecollide(self, LISTA_PAREDES,
False)
    if len(LISTA_COLISION_PARED) > 0:
        self.rect.x = X_ACTUAL
        self.rect.y = Y_ACTUAL

    LISTA_COLISION_OBJETO = pygame.sprite.spritecollide(self, LISTA_OBJETOS,
False)
    for object in LISTA_COLISION_OBJETO:
      object.kill()
      self.PUNTOS += PUNTO_UNIDAD
      if self.PUNTOS == 10:
          self.crono.stop()

class Crono:
 def __init__(self):
  self.Timer = datetime.combine(date.today(), time(0, 0))
  self.STOP = False

 def stop(self):
     self.STOP = True

 def update(self, dt):
     if self.STOP == False:
       self.Timer += timedelta(milliseconds=dt)
```

CONSTANTES.py

```
NEGRO = (0, 0, 0)
BLANCO = (255, 255, 255)

BALDOSA_TAMANIO = 30
BALDOSA_NUMERO = 25
MARCADOR_ALTURA = 32

ANCHURA = BALDOSA_TAMANIO * BALDOSA_NUMERO
ALTURA = BALDOSA_TAMANIO * BALDOSA_NUMERO + MARCADOR_ALTURA

PUNTO_UNIDAD = 1
```

GAME.py

```
import pygame, random, sys
from CLASES import *
from CONSTANTES import *

def MOSTRAR_MARCADOR():
 font = pygame.font.SysFont('Arial', BALDOSA_TAMANIO - 5)
 background = pygame.Surface((ANCHURA, MARCADOR_ALTURA))
 background = background.convert()
 background.fill(BLANCO)
```

```
 text = font.render(_personaje.crono.Timer.strftime("%H:%M:%S"), 1, NEGRO)
 textpos = text.get_rect(centerx=ANCHURA / 2, centery=MARCADOR_ALTURA / 2)
 background.blit(text, textpos)
 screen.blit(background, (0, 0))

pygame.init()

screen = pygame.display.set_mode([ANCHURA, ALTURA])
pygame.display.set_caption('El juego del laberinto')

XX = 0
YY = 0
with open("Laberinto.txt", "r") as archivo:
 for linea in archivo:
   for sprite in linea:
     if sprite == 'M':
       _pared = PARED(XX, YY)
       LISTA_PAREDES.add(_pared)
       LISTA_GLOBAL_SPRITES.add(_pared)
     XX = XX + 1
   XX = 0
   YY = YY + 1

_personaje = None
BUSCAR_PERSONAJE = True
while BUSCAR_PERSONAJE:
   _personaje = PERSONAJE()
   LISTA_CONFLICTO = pygame.sprite.spritecollide(_personaje, LISTA_PAREDES,
False)
   if len(LISTA_CONFLICTO) == 0:
       LISTA_GLOBAL_SPRITES.add(_personaje)
       BUSCAR_PERSONAJE = False

while len(LISTA_OBJETOS) < 10:
   _objeto = OBJETO()
   LISTA_CONFLICTO = pygame.sprite.spritecollide(_object, LISTA_GLOBAL_SPRITES,
False)
   if len(LISTA_CONFLICTO) == 0:
       LISTA_GLOBAL_SPRITES.add(_objeto)
       LISTA_OBJETOS.add(_objeto)

clock = pygame.time.Clock()

print("Estamos listos...")

TERMINADO = False

while not TERMINADO:
 for event in pygame.event.get():
   if event.type == pygame.QUIT:
     TERMINADO = True
   elif event.type == pygame.KEYDOWN:
     if event.key == pygame.K_LEFT:
       _personaje.DIRECCION = ‘I’
       break
     elif event.key == pygame.K_RIGHT:
       _personaje.DIRECCION = 'D'
       break
     elif event.key == pygame.K_UP:
       _personaje.DIRECCION = ‘A’
```

```
                break
            elif event.key == pygame.K_DOWN:
                _personaje.DIRECCION = 'B'
                break

        LISTA_GLOBAL_SPRITES.update()
        screen.fill(BLANCO)

        LISTA_GLOBAL_SPRITES.draw(screen)
        MOSTRAR_MARCADOR()

        if _personaje.TERMINADO:
            pygame.time.wait(5000)
            TERMINADO = True

        pygame.display.flip()
        dt = clock.tick(60)
        _personaje.crono.update(dt)

    print("Número de objetos recogidos: %d" % _personaje.PUNTOS)
    pygame.quit()
```

A continuación, se muestra una captura de pantalla del juego de laberinto:

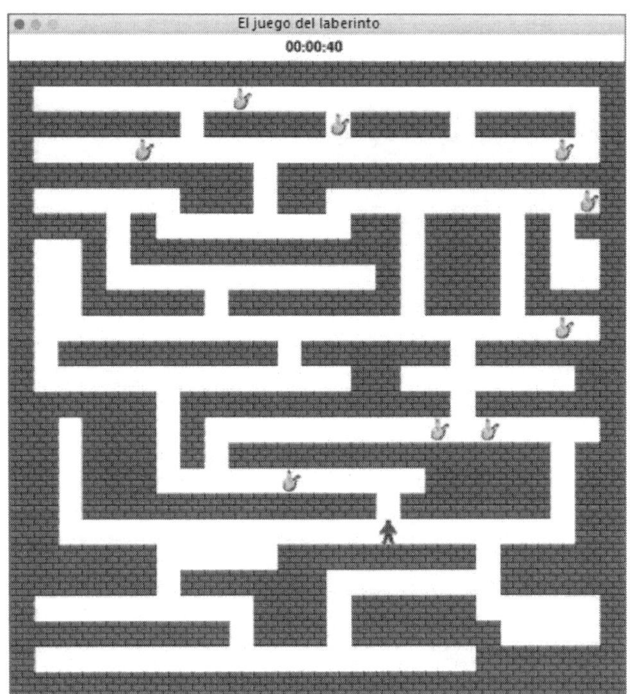

Captura de pantalla del juego del laberinto

3.5 Listas de sprites (group)

El archivo CLASES.py define tres listas de sprites:

- la lista de los objetos que se deben recoger;
- la lista de los elementos de pared que forman el laberinto;
- la lista global (que se encuentra cuando se usan sprites).

```
LISTA_OBJETOS = pygame.sprite.Group()
LISTA_PAREDES = pygame.sprite.Group()
LISTA_GLOBAL_SPRITES = pygame.sprite.Group()
```

3.6 Las clases

Todas las clases del juego se definen esta vez en el archivo dedicado CLASES.py.

3.6.1 La clase PARED

La clase *PARED* se define de manera clásica. El constructor/inicializador recibe como argumento las coordenadas *x* e *y* que provendrán del archivo de definición de laberinto Laberinto.txt.

```
class PARED(pygame.sprite.Sprite):
 def __init__(self, x, y):
   pygame.sprite.Sprite.__init__(self)
   self.image = pygame.image.load("PARED.png").convert_alpha()
   self.rect = self.image.get_rect()
   self.rect.y = BALDOSA_TAMANIO * y + MARCADOR_ALTURA
   self.rect.x = BALDOSA_TAMANIO * x
```

3.6.2 La clase OBJETO

También tenemos una clase *OBJETO* para los elementos recogidos por el personaje. Dibujamos de manera aleatoria su posicionamiento dentro de la ventana de juego. La gestión de colisiones se realiza posteriormente para ver si este objeto no está mal posicionado en un elemento de pared, por ejemplo.

```
class OBJETO(pygame.sprite.Sprite):
 def __init__(self):
   pygame.sprite.Sprite.__init__(self)
   self.image = pygame.image.load("OBJETO.png").convert_alpha()
   self.rect = self.image.get_rect()
   self.rect.y = random.randint(0, BALDOSA_NUMERO - 1) * BALDOSA_TAMANIO + 
MARCADOR_ALTURA
   self.rect.x = random.randint(0, BALDOSA_NUMERO - 1) * BALDOSA_TAMANIO
```

3.6.3 La clase Crono

Definimos una clase `Crono` capaz de proporcionar información al usuario sobre el tiempo transcurrido. El atributo *Timer* se actualiza en el método *update*. El método *stop* detiene la actualización de este *Timer* (cuando se recogen todos los objetos).

```
class Crono:
 def __init__(self):
  self.Timer = datetime.combine(date.today(), time(0, 0))
  self.STOP = False

 def stop(self):
     self.STOP = True

 def update(self, dt):
     if self.STOP == False:
       self.Timer += timedelta(milliseconds=dt)
```

3.6.4 La clase PERSONAJE

Para terminar, definimos la clase *PERSONAJE*, de la que se creará una instancia solo una vez. Se le asigna un atributo *DIRECTION* inicializado con el valor *'-'*. A diferencia del juego anterior, para mover un cuadrado (sprite), se debe pulsar una de las teclas de dirección del teclado. En otras palabras, esta vez el movimiento no es continuo: si quiere mover el personaje tres casillas hacia la izquierda, tiene que pulsar la tecla [Flecha izquierda] tres veces.

El método *update* maneja una primera situación de colisión para que el personaje no pueda "entrar" en las paredes. Hay una segunda situación de colisión que se corresponde con la recogida de un objeto. Cuando se han recogido todos los objetos, se interrumpe el tiempo.

```
class PERSONAJE(pygame.sprite.Sprite):
 def __init__(self):
   pygame.sprite.Sprite.__init__(self)
   self.image = pygame.image.load("PERSONAJE.png").convert_alpha()
   self.rect = self.image.get_rect()
   self.rect.y = random.randint(0, BALDOSA_NUMERO - 1) * BALDOSA_TAMANIO +
MARCADOR_ALTURA
   self.rect.x = random.randint(0, BALDOSA_NUMERO - 1) * BALDOSA_TAMANIO
   self.PUNTOS = 0
   self.TERMINADO = False
   self.DIRECCION = '-'
   self.crono = Crono()

 def update(self):
   X_ACTUAL = self.rect.x
   Y_ACTUAL = self.rect.y
   if self.DIRECCION == 'I':
     self.rect.x -= BALDOSA_TAMANIO
     self.DIRECCION = '-'
   elif self.DIRECCION == 'D':
     self.rect.x += BALDOSA_TAMANIO
     self.DIRECCION = '-'
   elif self.DIRECCION == 'A':
     self.rect.y -= BALDOSA_TAMANIO
```

```
      self.DIRECCION = '-'
    elif self.DIRECCION == 'B':
      self.rect.y += BALDOSA_TAMANIO
      self.DIRECCION = '-'

    LISTA_COLISION_PARED = pygame.sprite.spritecollide(self, LISTA_PAREDES,
False)
    if len(LISTA_COLISION_PARED) > 0:
        self.rect.x = X_ACTUAL
        self.rect.y = Y_ACTUAL

    LISTA_COLISION_OBJETO = pygame.sprite.spritecollide(self, LISTA_OBJETOS,
False)
    for object in LISTA_COLISION_OBJETO:
      object.kill()
      self.PUNTOS += PUNTO_UNIDAD
      if self.PUNTOS == 10:
          self.crono.stop()
```

3.7 El programa

Comenzamos generando el laberinto a partir del archivo Laberinto.txt. Para cada elemento de pared encontrado, se crea una instancia de un sprite de tipo pared.

```
XX = 0
YY = 0
with open("Laberinto.txt", "r") as archivo:
 for linea in archivo:
    for sprite in linea:
      if sprite == 'M':
        _pared = PARED(XX, YY)
        LISTA_PAREDES.add(_pared)
        LISTA_GLOBAL_SPRITES.add(_pared)
      XX = XX + 1
    XX = 0
    YY = YY + 1
```

La siguiente función se utiliza para abrir y examinar el archivo Laberinto.txt.

```
with open("Laberinto.txt", "r") as archivo:
```

Posteriormente, instanciamos un personaje colocado aleatoriamente. Si el sorteo aleatorio coloca al personaje en una pared, comenzamos de nuevo hasta que tengamos un resultado adecuado.

```
_personaje = None
BUSCAR_PERSONAJE = True
while BUSCAR_PERSONAJE:
    _personaje = PERSONAJE()
    LISTA_CONFLICTO = pygame.sprite.spritecollide(_personaje, LISTA_PAREDES,
False)
    if len(LISTA_CONFLICTO) == 0:
        LISTA_GLOBAL_SPRITES.add(_personaje)
        BUSCAR_PERSONAJE = False
```

Procedemos de la misma manera para generar los 10 objetos que también deben estar en un pasillo.

```
while len(LISTA_OBJETOS) < 10:
   _objeto = OBJETO()
   LISTA_CONFLICTO = pygame.sprite.spritecollide(_objeto,
LISTA_GLOBAL_SPRITES, False)
   if len(LISTA_CONFLICTO) == 0:
       LISTA_GLOBAL_SPRITES.add(_objeto)
       LISTA_OBJETOS.add(_objeto)
```

Gracias al uso de los sprites, el bucle del juego es muy sencillo. Consiste principalmente en capturar los eventos del teclado, dirigir al personaje y actualizar los sprites.

```
while not TERMINADO:
 for event in pygame.event.get():
   if event.type == pygame.QUIT:
     TERMINADO = True
   elif event.type == pygame.KEYDOWN:
     if event.key == pygame.K_LEFT:
       _personaje.DIRECCION = 'I'
       break
     elif event.key == pygame.K_RIGHT:
       _personaje.DIRECCION = 'D'
       break
     elif event.key == pygame.K_UP:
       _personaje.DIRECCION = 'A'
       break
     elif event.key == pygame.K_DOWN:
       _personaje.DIRECCION = 'B'
       break

 LISTA_GLOBAL_SPRITES.update()
 screen.fill(BLANCO)

 LISTA_GLOBAL_SPRITES.draw(screen)
 MOSTRAR_MARCADOR()

 if _personaje.TERMINADO:
   pygame.time.wait(5000)
   TERMINADO = True

 pygame.display.flip()
 dt = clock.tick(60)
 _personaje.crono.update(dt)
```

4. El juego de romper ladrillos

4.1 El contexto

El juego de arcade de romper ladrillos (*breakout* en inglés), se remonta a los inicios de los videojuegos. Se implementó en 1975, y desde entonces, existen docenas de juegos de este tipo, que se ejecutan en las plataformas más variadas. También es un juego al que se pueden añadir varios niveles (*levels*).

El objetivo es ganar puntos rompiendo ladrillos con una pelota que rebota en una raqueta, colocada en la parte inferior de la ventana del juego. Tenga cuidado, si la pelota llega al fondo de la ventana del juego, es decir, la raqueta no la ha devuelto, entonces pierde el juego.

4.2 Las imágenes utilizadas

Una vez más, las imágenes se corresponden con el tamaño exacto de los futuros sprites.

Tenemos tres imágenes de formas geométricas muy sencillas, que se pueden crear con software de dibujo como Gimp.

- Una pelota verde:

- Un elemento "ladrillo" de color azul:

- Una raqueta naranja:

4.3 El programa global

En este caso tenemos dos archivos:

- CLASES.py que incluye las clases del juego y las constantes.
- ROMPER-LADRILLOS.py con el algoritmo y el bucle del juego.

Observación

En este programa se utiliza el operador +=. Añade un valor numérico al valor de la variable que está a su izquierda y le asigna la suma obtenida. Ejemplo:

```
>>> x = 4
>>> x += 3
>>> print(x)
7
```

CLASES.py

```
import pygame

ANCHURA, ALTURA = 640, 480
PELOTA_ANCHURA, PELOTA_ALTURA = 16, 16
LADRILLO_ANCHURA, LADRILLO_ALTURA = 64, 16
RAQUETA_ANCHURA, RAQUETA_ALTURA = 64, 16
RAQUETA_VELOCIDAD = 20
PELOTA_VELOCIDAD = 2

class OBJETO(pygame.sprite.Sprite):

 def __init__(self, IMAGE):
   pygame.sprite.Sprite.__init__(self)
   self.image = pygame.image.load(IMAGE).convert()
   self.image.set_colorkey((255, 255, 255))
   self.rect = self.image.get_rect()

class RAQUETA(OBJETO):

 def __init__(self, IMAGE):
   OBJETO.__init__(self, IMAGE)
   self.rect.bottom = ALTURA
   self.rect.left = (ANCHURA - self.image.get_width()) / 2

 def MoverIzquierda(self):
   if self.rect.left > 0:
     self.rect.move_ip(-RAQUETA_VELOCIDAD, 0)

 def MoverDerecha(self):
   if self.rect.right < ANCHURA:
     self.rect.move_ip(RAQUETA_VELOCIDAD, 0)

class LADRILLO(OBJETO):

 def __init__(self, IMAGE, x, y):
   OBJETO.__init__(self, IMAGE)
   self.rect.x, self.rect.y = x, y
class PELOTA(OBJETO):

 def __init__(self, IMAGE, VELOCIDAD_X, VELOCIDAD_Y):
   OBJETO.__init__(self, IMAGE)
   self.rect.bottom = ALTURA - RAQUETA_ANCHURA
   self.rect.left = ALTURA / 2
   self.VELOCIDAD_X = VELOCIDAD_X
   self.VELOCIDAD_Y = VELOCIDAD_Y

 def update(self):
```

```
    self.rect = self.rect.move(self.VELOCIDAD_X, self.VELOCIDAD_Y)

    if self.rect.x > ANCHURA - self.image.get_width() or self.rect.x < 0:
      self.VELOCIDAD_X *= -1
     if self.rect.y < 0:
       self.VELOCIDAD_Y *= -1
```

ROMPER-LADRILLOS.py

```
from CLASES import *
import pygame, sys
pygame.init()

VENTANA = pygame.display.set_mode((ANCHURA, ALTURA))
pygame.key.set_repeat(400, 30)
pygame.display.set_caption('Juego de romper ladrillos')
clock = pygame.time.Clock()
marcador = 0

LISTA_GLOBAL_SPRITES = pygame.sprite.Group()
LISTA_RAQUETA_LADRILLOS = pygame.sprite.Group()
LISTA_LADRILLOS = pygame.sprite.Group()

pelota = PELOTA('PELOTA.png', PELOTA_VELOCIDAD, -PELOTA_VELOCIDAD)
LISTA_GLOBAL_SPRITES.add(pelota)

raqueta = RAQUETA('RAQUETA.png')
LISTA_GLOBAL_SPRITES.add(raqueta)
LISTA_RAQUETA_LADRILLOS.add(raqueta)

for i in range(8):
 for j in range(8):
   ladrillo = LADRILLO('LADRILLO.png', (i+1)*LADRILLO_ANCHURA + 5,
(j+3)*LADRILLO_ALTURA + 5)
   LISTA_GLOBAL_SPRITES.add(ladrillo)
   LISTA_RAQUETA_LADRILLOS.add(ladrillo)
   LISTA_LADRILLOS.add(ladrillo)

while True:
 if pelota.rect.y > ALTURA:
   print ("Perdido :)")
   pygame.quit()
   sys.exit()

 for event in pygame.event.get():
   if event.type == pygame.QUIT:
     pygame.quit()
     sys.exit()
   elif event.type == pygame.KEYDOWN:
     if event.key == pygame.K_LEFT:
       raqueta.MoverIzquierda()
     elif event.key == pygame.K_RIGHT:
       raqueta.MoverDerecha()

 REBOTES = pygame.sprite.spritecollide(pelota, LISTA_RAQUETA_LADRILLOS, False)
 if REBOTES:
   RECT = REBOTES[0].rect
   if RECT.left > pelota.rect.left or pelota.rect.right < RECT.right:
     pelota.VELOCIDAD_Y *= -1
   else:
```

```
        pelota.VELOCIDAD_X *= -1

        if pygame.sprite.spritecollide(pelota, LISTA_LADRILLOS, True):
          marcador += len(REBOTES)
          print( "%s puntos" % marcador)

        if len(LISTA_LADRILLOS) == 0:
          print("Ganado, bravo :)")
          pygame.quit()
          sys.exit()

    VENTANA.fill((0, 0, 0))
    LISTA_GLOBAL_SPRITES.draw(VENTANA)

    LISTA_GLOBAL_SPRITES.update()
    clock.tick(60)
    pygame.display.flip()
```

Aquí hay una captura de pantalla del juego de romper ladrillos:

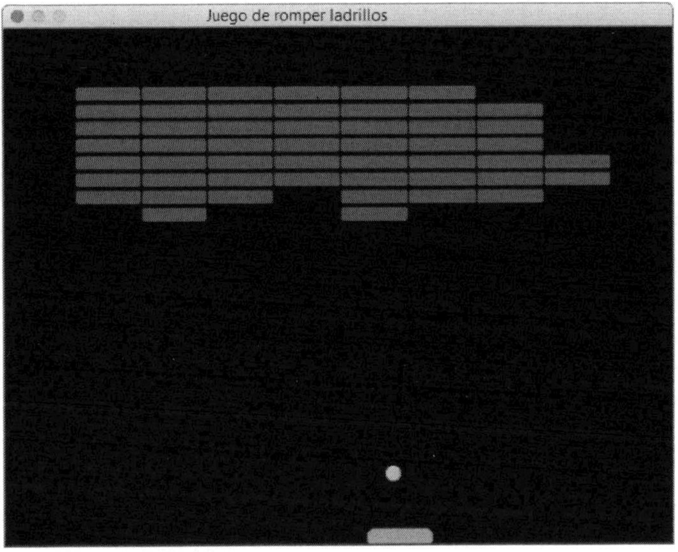

Captura de pantalla del juego de romper ladrillos

4.4 Listas de sprites (group)

Estas listas de sprites se definen en el archivo principal (ROMPER-LADRILLOS.py). En este juego, todos los elementos visibles son sprites, ya sea la raqueta, los ladrillos o la pelota.

Una lista global de todos los sprites:

```
LISTA_GLOBAL_SPRITES = pygame.sprite.Group()
```

Una lista de los sprites de tipo "raqueta" o "ladrillo":

```
LISTA_RAQUETA_LADRILLOS = pygame.sprite.Group()
```

Una lista de los sprites de tipo "ladrillo":

```
LISTA_LADRILLOS = pygame.sprite.Group()
```

4.5 Constantes

Las constantes se definen en el archivo CLASES.py. Se enumeran a continuación.

Las dimensiones de la ventana de juego:

```
ANCHURA, ALTURA = 640, 480
```

Las dimensiones del rectángulo asociado con el sprite de la pelota. Estas son las mismas dimensiones que las de la imagen asociada:

```
PELOTA_ANCHURA, PELOTA_ALTURA = 16, 16
```

Las dimensiones del rectángulo asociado con un sprite de un ladrillo. Estas son las mismas dimensiones que las de la imagen asociada:

```
LADRILLO_ANCHURA, LADRILLO_ALTURA = 64, 16
```

Las dimensiones del rectángulo asociado con el sprite de la raqueta. Estas son las mismas dimensiones que las de la imagen asociada:

```
RAQUETA_ANCHURA, RAQUETA_ALTURA = 64, 16
```

También definimos una velocidad de raqueta (velocidad de movimiento lateral) y una velocidad de pelota:

```
RAQUETA_VELOCIDAD = 20
PELOTA_VELOCIDAD = 2
```

4.6 Las clases

Tendremos tres clases principales: *RAQUETA*, *PELOTA* y *LADRILLO*. Las tres heredan de una clase *OBJETO*, que a su vez hereda de la clase Pygame *Sprite*.

El pequeño diagrama que aparece debajo muestra las diferentes clases y las relaciones de herencia entre ellas.

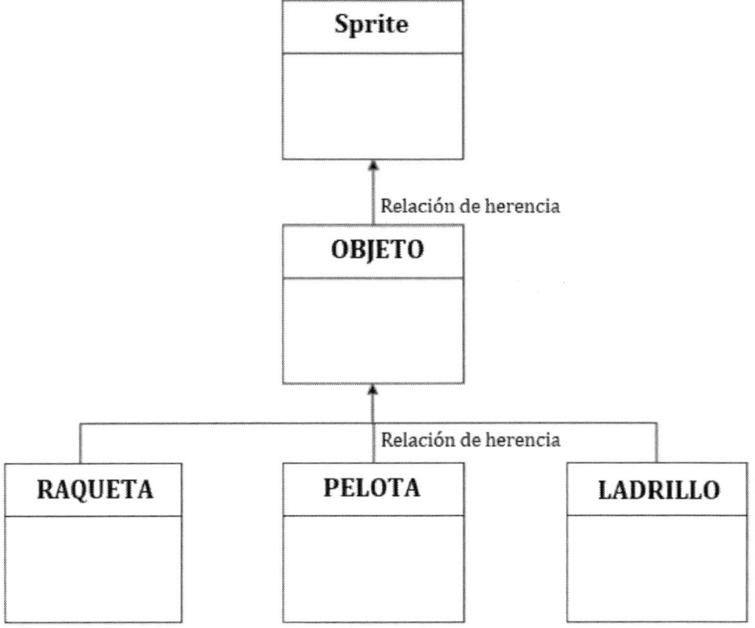

Diagrama de clases utilizadas en el juego de romper ladrillos.

4.6.1 La clase OBJETO

Es la clase que hereda de la clase *Sprite*. Su constructor/inicializador recibe un archivo imagen como argumento y, por lo tanto, puede inicializar su atributo *image* y después *rect*.

```
class OBJETO(pygame.sprite.Sprite):

 def __init__(self, IMAGE):
   pygame.sprite.Sprite.__init__(self)
   self.image = pygame.image.load(IMAGE).convert()
   self.image.set_colorkey((255, 255, 255))
   self.rect = self.image.get_rect()
```

Tenga en cuenta el uso del método *set_colorkey*, que permite hacer que el fondo de las imágenes sea transparente. De hecho, hay dos formas de proceder en este tema:

- O bien la imagen tiene un fondo transparente, que se puede hacer con facilidad usando un software de dibujo. Por lo tanto, ya no se preocupa de eso durante el desarrollo. Es la opción elegida en este momento.
- O bien la imagen no tiene fondo transparente. Aquí, el fondo de las imágenes es blanco. En cuyo caso, aún podemos hacer que este fondo sea transparente usando la función *set_colorkey*.

Por lo tanto, el papel de la clase *OBJETO* es heredar de la clase *Sprite* por un lado, y proporcionar un inicializador que reciba como argumento un archivo imagen.

4.6.2 La clase RAQUETA

Por lo tanto, la clase *RAQUETA* hereda de la clase *OBJETO* y, por lo tanto, indirectamente de *Sprite*.

```
class RAQUETA(OBJETO):
```

Comenzamos definiendo un constructor/inicializador que llame al de la clase *OBJETO* y defina la posición inicial de la raqueta (en este caso, en la parte inferior central). Para hacer esto, se utilizan atributos de *rect* como *bottom* o *left*.

```
    def __init__(self, IMAGE):
     OBJETO.__init__(self, IMAGE)
     self.rect.bottom = ALTURA
     self.rect.left = (ANCHURA - self.image.get_width()) / 2
```

Falta equipar esta clase con los dos métodos que permiten moverse lateralmente.

A la izquierda:

```
    def MoverIzquierda(self):
     if self.rect.left > 0:
       self.rect.move_ip(-RAQUETA_VELOCIDAD, 0)
```

A la derecha:

```
    def MoverDerecha(self):
     if self.rect.right < ANCHURA:
       self.rect.move_ip(RAQUETA_VELOCIDAD, 0)
```

Para hacer esto, utilizamos la función *move_ip* accesible en *rect*. Pasamos como argumento los desplazamientos según los ejes *x* e *y*. Dado que el desplazamiento es lateral, el valor en y es necesariamente 0. En cuanto al desplazamiento horizontal, si vamos a la derecha el valor es positivo, pero si avanzamos hacia la izquierda, el valor es negativo.

4.6.3 La clase LADRILLO

La clase *LADRILLO*, a diferencia de las clases *RAQUETA* y *PELOTA*, tendrá varias instancias (tantas como ladrillos previstos para este único nivel). Esta vez, además de la imagen de ladrillo que pasamos como argumento del inicializador, también están las coordenadas *x* e *y* de este sprite.

```
class LADRILLO(OBJETO):

    def __init__(self, IMAGE, x, y):
        OBJETO.__init__(self, IMAGE)
        self.rect.x, self.rect.y = x, y
```

4.6.4 La clase PELOTA

La pelota tiene un desplazamiento más complejo que el de la raqueta. Por lo tanto, hay un componente *x* y otro *y* que, además de la imagen, son los argumentos del inicializador. Este último posiciona la pelota en su creación y recibe los datos iniciales sobre su desplazamiento inmediato, es decir, las cantidades *VELOCIDAD_X* y *VELOCIDAD_Y* (ver diagrama debajo).

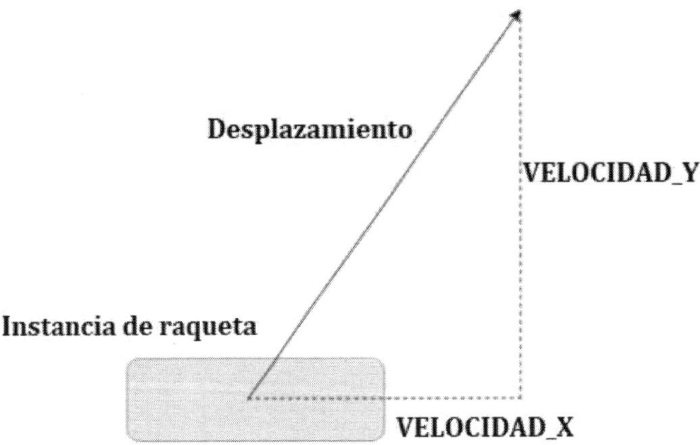


```
class PELOTA(OBJETO):

    def __init__(self, IMAGE, VELOCIDAD_X, VELOCIDAD_Y):
        OBJETO.__init__(self, IMAGE)
        self.rect.bottom = ALTURA - RAQUETA_ANCHURA
        self.rect.left = ALTURA / 2
        self.VELOCIDAD_X = VELOCIDAD_X
        self.VELOCIDAD_Y = VELOCIDAD_Y
```

Una vez hecho esto, debe administrar el movimiento en cada iteración del bucle de juego usando el método *update*.

```
    def update(self):
        self.rect = self.rect.move(self.VELOCIDAD_X, self.VELOCIDAD_Y)
```

Utilizamos el método *move* de *rect*, que recibe como argumento los dos atributos *VELOCIDAD_X* y *VELOCIDAD_Y*. Por supuesto, sus valores se deben actualizar para la próxima iteración.

De la misma manera que existe el operador *+=* que suma al valor de la izquierda el de la derecha y asigna a la variable la suma obtenida, existe el operador **=* para la multiplicación.

Ejemplo

```
>>> x = 10
>>> x *= -1
>>> print(x)
-10
```

Hemos elegido gestionar los movimientos de la pelota y, por lo tanto, su eventual rebote solo cuando afecta a la ventana de juego. En cuanto a la interacción con los ladrillos y la raqueta, se maneja en el código principal.

De esta manera, si la pelota llega al borde izquierdo o derecho, la hacemos rebotar en sentido contrario con respecto a la abscisa.

```
if self.rect.x > ANCHURA - self.image.get_width() or self.rect.x < 0:
  self.VELOCIDAD_X *= -1
```

De manera idéntica, si la pelota llega a la parte superior de la ventana de juego, la hacemos rebotar.

```
if self.rect.y < 0:
  self.VELOCIDAD_Y *= -1
```

No hay nada sobre la parte inferior de la ventana. De hecho, en esta hipótesis, no hay rebote. El juego simplemente se interrumpe y, por lo tanto, en cierto modo, se pierde.

4.7 El programa

Llegados a este punto, ya tenemos una buena base pero le falta lo esencial: el motor del juego. Falta programar lo siguiente:

- La pelota destruye los ladrillos y ganamos puntos cuando eso sucede.
- El juego se detiene cuando la pelota alcanza la parte inferior de la ventana.
- La pelota rebota en la raqueta y los ladrillos que toca.

Comenzamos obteniendo el contenido del archivo CLASES.py para utilizar las diferentes clases del proyecto.

```
from CLASES import *
```

Como de costumbre, declaramos los diferentes módulos a utilizar, incluyendo obviamente Pygame, e inicializamos este último.

```
import pygame, sys
pygame.init()
```

Creamos la ventana del juego e inicializamos el contador de puntos *marcador* a cero puntos.

```
VENTANA = pygame.display.set_mode((ANCHURA, ALTURA))
pygame.display.set_caption('Juego de romper ladrillos')
clock = pygame.time.Clock()
marcador = 0
```

Observación

Pulsar las teclas continuamente, aquí [Flecha izquierda] o [Flecha derecha], plantea una serie de problemas, incluido el que desencadenará la gestión sistemática por parte del programa al capturar el evento *KEYDOWN*. Este fenómeno se puede controlar de forma más fina, utilizando la función *pygame.key.set_repeat*.

Observación

La función *set_repeat(_delay, _inter)* trabaja de la siguiente manera: se envía un evento *KEYDOWN* solo después de `_retraso` milisegundos. Posteriormente, otros eventos *KEYDOWN* se envían cíclicamente cada *_inter* segundos. Este control de la pulsación de la teclas le da fluidez al juego.

Utilizamos esta función *set_repeat*.

```
pygame.key.set_repeat(400, 30)
```

Se definen las listas globales (group) de sprites.

```
LISTA_GLOBAL_SPRITES = pygame.sprite.Group()
LISTA_RAQUETA_LADRILLOS = pygame.sprite.Group()
LISTA_LADRILLOS = pygame.sprite.Group()
```

La pelota se instancia con la imagen adecuada para que se dirija a la parte superior derecha. Esta pelota se añade a la lista global de los sprites.

```
pelota = PELOTA('PELOTA.png', PELOTA_VELOCIDAD, -PELOTA_VELOCIDAD)
LISTA_GLOBAL_SPRITES.add(pelota)
```

Instanciamos una raqueta con la imagen adecuada. La añadimos a la lista global de los sprites y a la lista que incluye la raqueta y los ladrillos.

```
raqueta = RAQUETA('RAQUETA.png')
LISTA_GLOBAL_SPRITES.add(raqueta)
LISTA_RAQUETA_LADRILLOS.add(raqueta)
```

Posteriormente, abordamos la generación de ladrillos. Diseñamos un bucle doble para generar las coordenadas que pasamos como argumento del constructor/inicializador. Una vez que se crea una instancia de ladrillo, la añadimos a tres listas: la global, la de la raqueta + ladrillos y la de los ladrillos.

```
for i in range(8):
 for j in range(8):
   ladrillo = LADRILLO('LADRILLO.png', (i+1)*LADRILLO_ANCHURA + 5,
(j+3)*LADRILLO_ALTURA + 5)
   LISTA_GLOBAL_SPRITES.add(ladrillo)
   LISTA_RAQUETA_LADRILLOS.add(ladrillo)
   LISTA_LADRILLOS.add(ladrillo)
```

Ahora creamos el bucle de juego.

```
while True:
```

Dentro de este bucle de juego, comenzamos gestionando una colisión que previamente hemos abandonado: la que hay entre la pelota y la parte inferior de la ventana de juego que se corresponde con el final del juego.

```
if pelota.rect.y > ALTURA:
 print ("Perdido:)")
 pygame.quit()
 sys.exit()
```

Ahora gestionamos los eventos y activamos los movimientos laterales de la raqueta, cuando es necesario. Como recordatorio, intentamos agilizar el movimiento de la raqueta, utilizando la función *set_repeat*.

```
for event in pygame.event.get():
 if event.type == pygame.QUIT:
   pygame.quit()
   sys.exit()
 elif event.type == pygame.KEYDOWN:
   if event.key == pygame.K_LEFT:
     raqueta.MoverIzquierda()
   elif event.key == pygame.K_RIGHT:
     raqueta.MoverDerecha()
```

Seguidamente, gestionamos las colisiones entre la pelota y los ladrillos. Se trata de:

1. hacer rebota la pelota.

2. incrementar el contador de puntos *marcador*.

3. eliminar el ladrillo alcanzado.

Comenzamos comparando el encuentro entre la pelota y los ladrillos o la raqueta.

```
REBOTES = pygame.sprite.spritecollide(pelota, LISTA_RAQUETA_LADRILLOS, False)
```

Si hay un "encuentro", procedemos al rebote.

```
if REBOTES:
 RECT = REBOTES[0].rect
 if RECT.left > pelota.rect.left or pelota.rect.right < RECT.right:
   pelota.VELOCIDAD_Y *= -1
 else:
   pelota.VELOCIDAD_X *= -1
```

Si además este rebote se refiere a un ladrillo y no a la raqueta, entonces destruimos el ladrillo. La destrucción del ladrillo está permitida gracias al argumento *True* de la función *spritepilide*.

```
if pygame.sprite.spritecollide(pelota, LISTA_LADRILLOS, True):
```

En esta hipótesis (encuentro pelota/ladrillo), el contador de puntos se incrementa.

```
marcador += len(REBOTES)
print( "%s puntos" % marcador)
```

Si no hay más ladrillos, ha ganado.

```
if len(LISTA_LADRILLOS) == 0:
 print("Ganado, bravo :)")
 pygame.quit()
 sys.exit()
```

Finalmente, actualizamos todo lo relacionado con sprite con cada iteración del bucle del juego.

```
VENTANA.fill((0, 0, 0))
LISTA_GLOBAL_SPRITES.draw(VENTANA)

LISTA_GLOBAL_SPRITES.update()
clock.tick(60)
pygame.display.flip()
```

5. El juego de desplazamiento: Cohete y planetas (versión 2)

5.1 El contexto

Retomamos el juego del capítulo Conceptos del videojuego y primeros pasos con Pygame, programado sin usar el módulo *sprites*, que induce cálculos geométricos bastante tediosos para controlar las posibles colisiones entre cohetes y planetas. De hecho, el objetivo del juego es evitar el choque entre el cohete que se mueve lateralmente y los planetas, que se desplazan hacia arriba y hacia abajo.

5.2 El programa global

Tenemos tres archivos Python en el juego.

- El archivo Main.py original.
- El archivo CLASES.py que incluye las clases *COHETE* y *PLANETA*.
- El archivo CONSTANTES.py que agrupa las diferentes constantes del juego.

CONSTANTES.py

```
from random import *

ALTURA_VENTANA = 600
ANCHURA_VENTANA = 600
COLOR_FONDO = (255, 255, 250)
PARAR_JUEGO = False

ANCHURA_COHETE = 88
ALTURA_COHETE = 175
MOVIMIENTO_XX_COHETE = 0

XX_PLANETA = randint(30, 130)
YY_PLANETA = 20
ANCHURA_PLANETA = 111
ALTURA_PLANETA = 80
XX_ENTRE_PLANETAS = 350
YY_ENTRE_PLANETA = 125
VELOCIDAD_PLANETAS = 3
```

CLASES.py

```
import pygame, random, sys
from CONSTANTES import *
from datetime import timedelta, datetime, date, time

LISTA_PLANETAS = pygame.sprite.Group()
LISTA_GLOBAL_SPRITES = pygame.sprite.Group()

class PLANETA(pygame.sprite.Sprite):

 def __init__(self, x, y):
   pygame.sprite.Sprite.__init__(self)
   self.image = pygame.image.load("img/PLANETA.png").convert_alpha()
   self.rect = self.image.get_rect()
   self.rect.x = x
   self.rect.y = y

 def update(self):

   self.rect.y = self.rect.y + VELOCIDAD_PLANETAS

   if self.rect.y > ALTURA_VENTANA:
     LISTA_GLOBAL_SPRITES.remove(self)
     LISTA_PLANETAS.remove(self)
     self.kill()

class COHETE(pygame.sprite.Sprite):
```

```
    def __init__(self):
      pygame.sprite.Sprite.__init__(self)
      self.image = pygame.image.load("img/COHETE.png").convert_alpha()
      self.rect = self.image.get_rect()
      self.rect.x = 210
      self.rect.y = 300
      self.DIRECCION = 'I'

    def update(self):

      print(self.DIRECCION)
      if self.DIRECCION == 'I':
        self.rect.x -= 4
      elif self.DIRECCION == 'D':
        self.rect.x += 4

      if self.rect.x < 0:
        self.rect.x = 0
      elif self.rect.x > ANCHURA_VENTANA - ANCHURA_COHETE:
        self.rect.x = ANCHURA_VENTANA - ANCHURA_COHETE
```

Main.py

```
import pygame
from CLASES import *
pygame.init()

def MOSTRAR_MARCADOR():
 texto = FUENTE.render(str(_MARCADOR) + " puntos", 1, (255, 0, 0))
 textpos = texto.get_rect(centerx=ANCHURA_VENTANA / 2, centery=50)
 PANTALLA.blit(texto, textpos)

PANTALLA = pygame.display.set_mode((ANCHURA_VENTANA, ALTURA_VENTANA))
pygame.display.set_caption("COHETE PLANETAS - CAP 7")
FUENTE = pygame.font.Font(None, 24)
_MARCADOR = 0

cohete = COHETE()
LISTA_GLOBAL_SPRITES.add(cohete)

planeta_izquierdo = PLANETA(XX_PLANETA, YY_PLANETA)
LISTA_PLANETAS.add(planeta_izquierdo)
LISTA_GLOBAL_SPRITES.add(planeta_izquierdo)

planeta_derecho = PLANETA(XX_PLANETA + XX_ENTRE_PLANETAS,
                          YY_PLANETA + YY_ENTRE_PLANETA)
LISTA_PLANETAS.add(planeta_derecho)
LISTA_GLOBAL_SPRITES.add(planeta_derecho)

clock = pygame.time.Clock()
print("Preparados...")

while not PARAR_JUEGO:

 LISTA_CONFLICTO = pygame.sprite.spritecollide(cohete, LISTA_PLANETAS, False)
 if len(LISTA_CONFLICTO) > 0:
   PARAR_JUEGO = True
   print("Ha perdido")
   pygame.time.wait(5000)
```

```
for event in pygame.event.get():

  if event.type == pygame.QUIT:
    PARAR_JUEGO = True
  if event.type == pygame.KEYDOWN:
      if event.key == pygame.K_RIGHT:
        cohete.DIRECCION = 'D'
  elif event.type == pygame.KEYUP:
    cohete.DIRECCION = 'I'

if len(LISTA_PLANETAS) == 0:

   XX_PLANETA = randint(30, 130)
   planeta_izquierdo = PLANETA(XX_PLANETA, YY_PLANETA)
   LISTA_PLANETAS.add(planeta_izquierdo)
   LISTA_GLOBAL_SPRITES.add(planeta_izquierdo)

   planeta_derecho = PLANETA(XX_PLANETA + XX_ENTRE_PLANETAS, YY_PLANETA +
YY_ENTRE_PLANETA)
   LISTA_PLANETAS.add(planeta_derecho)
   LISTA_GLOBAL_SPRITES.add(planeta_derecho)

   _MARCADOR = _MARCADOR + 1

LISTA_GLOBAL_SPRITES.update()
PANTALLA.fill(COLOR_FONDO)
LISTA_GLOBAL_SPRITES.draw(PANTALLA)
print(_MARCADOR)
MOSTRAR_MARCADOR()
pygame.display.flip()
```

5.3 Listas de sprites (group)

Se definen dos listas de sprites:

- Una lista global de todos los sprites:

```
LISTA_GLOBAL_SPRITES = pygame.sprite.Group()
```

- Una lista de los sprites de tipo "planeta". Esta lista permite observar posibles colisiones entre el cohete y esta lista de planetas:

```
LISTA_PLANETAS = pygame.sprite.Group()
```

5.4 Las clases

5.4.1 La clase COHETE

Comenzamos como de costumbre heredando la clase *COHETE* de la clase *pygame.sprite.Sprite*.

```
class COHETE(pygame.sprite.Sprite):
```

Luego definimos su inicializador que comienza llamando al de la clase padre.

```
def __init__(self):
  pygame.sprite.Sprite.__init__(self)
```

Posteriormente, asignamos valor a diferentes atributos en el inicializador.

```
    self.image = pygame.image.load("img/COHETE.png").convert_alpha()
    self.rect = self.image.get_rect()
    self.rect.x = 210
    self.rect.y = 300
    self.DIRECCION = ‘I’
```

Se define el método *update* de *COHETE*. En él, probamos los límites de la ventana de juego teniendo en cuenta el desplazamiento lateral del cohete. También gestionamos el movimiento del cohete, en función de la dirección actual (que resulta de pulsar las teclas del teclado).

```
   def update(self):

    print(self.DIRECCION)
    if self.DIRECCION == ‘I’:
      self.rect.x -= 4
    elif self.DIRECCION == 'D':
      self.rect.x += 4

    if self.rect.x < 0:
      self.rect.x = 0
    elif self.rect.x > ANCHURA_VENTANA - ANCHURA_COHETE:
      self.rect.x = ANCHURA_VENTANA - ANCHURA_COHETE
```

5.4.2 La clase PLANETA

Una vez más, la clase *PLANETA* hereda de la clase *pygame.sprite.Sprite*.

```
class PLANETA(pygame.sprite.Sprite):
```

Definimos su inicializador.

```
def __init__(self, x, y):
 pygame.sprite.Sprite.__init__(self)
```

Asignamos valor a los atributos image, *rect.x* y *rect.y* en este inicializador.

```
self.image = pygame.image.load("img/PLANETA.png").convert_alpha()
self.rect = self.image.get_rect()
self.rect.x = x
self.rect.y = y
```

Posteriormente, definimos un método *update* en el que:

- se actualiza la posición del planeta,
- verificamos si el planeta ha llegado a la parte inferior de la ventana de juego. Si es así, se elimina de las listas de sprites y luego se destruye utilizando el método *kill*.

```
def update(self):

 self.rect.y = self.rect.y + VELOCIDAD_PLANETAS

 if self.rect.y > ALTURA_VENTANA:
   LISTA_GLOBAL_SPRITES.remove(self)
   LISTA_PLANETAS.remove(self)
   self.kill()
```

5.5 El programa

Comenzamos haciendo referencia a los módulos que necesitamos e inicializamos Pygame.

```
import pygame
from CLASES import *
pygame.init()
```

Posteriormente, definimos una función encargada de mostrar la puntuación.

```
def MOSTRAR_MARCADOR():
 texto = FUENTE.render(str(_MARCADOR) + " puntos", 1, (255, 0, 0))
 textpos = texto.get_rect(centerx=ANCHURA_VENTANA / 2, centery=50)
 PANTALLA.blit(texto, textpos)
```

Creamos la ventana de juego e inicializamos varias variables, incluyendo una fuente de caracteres y el contador de puntos.

```
PANTALLA = pygame.display.set_mode((ANCHURA_VENTANA, ALTURA_VENTANA))
pygame.display.set_caption("COHETE PLANETAS - CAP 7")
FUENTE = pygame.font.Font(None, 24)
_MARCADOR = 0
```

Seguidamente, se instancian el cohete y dos planetas. Estos se destruirán cuando se alcance la parte inferior de la ventana del juego, mientras que hay otros que se instanciarán más tarde. Estas tres instancias se añaden a las listas de sprites apropiadas.

```
cohete = COHETE()
LISTA_GLOBAL_SPRITES.add(cohete)

planeta_izquierdo = PLANETA(XX_PLANETA, YY_PLANETA)
LISTA_PLANETAS.add(planeta_izquierdo)
LISTA_GLOBAL_SPRITES.add(planeta_izquierdo)

planeta_derecho = PLANETA(XX_PLANETA + XX_ENTRE_PLANETAS,
                          YY_PLANETA + YY_ENTRE_PLANETA)
LISTA_PLANETAS.add(planeta_derecho)
LISTA_GLOBAL_SPRITES.add(planeta_derecho)
```

En esta etapa, es necesario definir el bucle de juego en el que debe aparecer:

- la gestión de la colisión entre cohete y planetas,
- el manejo de los eventos de teclado,
- la generación de nuevos planetas con el incremento de la puntuación.

Creamos el bucle de juego

```
while not PARAR_JUEGO:
```

Posteriormente, gestionamos en el bucle de juego el encuentro entre el cohete y los planetas, lo que interrumpe el juego. Lógicamente, usamos la función *spritecollide*.

```
LISTA_CONFLICTO = pygame.sprite.spritecollide(cohete, LISTA_PLANETAS, False)
if len(LISTA_CONFLICTO) > 0:
 PARAR_JUEGO = True
 print("Ha perdido")
 pygame.time.wait(5000)
```

Todavía en el bucle de juego, gestionamos los eventos del teclado que permiten el movimiento del cohete.

```
for event in pygame.event.get():

 if event.type == pygame.QUIT:
   PARAR_JUEGO = True
 if event.type == pygame.KEYDOWN:
   if event.key == pygame.K_RIGHT:
     cohete.DIRECCION = 'D'
 elif event.type == pygame.KEYUP:
   cohete.DIRECCION = 'I'
```

Cuando los planetas alcanzan la parte inferior de la ventana de juego, se destruyen. Si la lista de planetas está vacía, hay que volver a crearlos.

```
if len(LISTA_PLANETAS) == 0:

 XX_PLANETA = randint(30, 130)
 planeta_izquierdo = PLANETA(XX_PLANETA, YY_PLANETA)
 LISTA_PLANETAS.add(planeta_izquierdo)
 LISTA_GLOBAL_SPRITES.add(planeta_izquierdo)

 planeta_derecho = PLANETA(XX_PLANETA + XX_ENTRE_PLANETAS, YY_PLANETA +
YY_ENTRE_PLANETA)
 LISTA_PLANETAS.add(planeta_derecho)
 LISTA_GLOBAL_SPRITES.add(planeta_derecho)
```

Para terminar, añadimos un punto cuando el cohete ha evitado un ciclo de dos planetas.

```
_MARCADOR = _MARCADOR + 1
```

Capítulo 9

Trabajar en 3D con Pygame

1. Introducción

Los juegos desarrollados durante este libro son exclusivamente en dos dimensiones (2D). En la práctica, Pygame está más asociado con el desarrollo de juegos 2D, aunque permite la visualización tridimensional.

Hay varios videojuegos que son tridimensionales o utilizan gráficos que hacen que se acerquen a las tres dimensiones. En particular, podemos mencionar los llamados juegos FPS (*First Person Shooter*, videojuego de disparos con vista en primera persona, en español). Este tipo de juego suele consistir en la encarnación de un personaje con un arma de fuego dentro de un 3D inmersivo. El objetivo es derribar a los enemigos que se va encontrando. En general, el personaje principal se mueve a través de una red de pasillos dibujados en tres dimensiones.

Debido a su base SDL, Pygame es una herramienta muy orientada a las 2D. Todos los juegos que se han puesto como ejemplos en este libro, son juegos bidimensionales. Entonces, ¿qué necesitarían para ser juegos en 3D? La respuesta puede parecer obvia: una decoración en 3D y una visualización en 3D. En otras palabras, su algoritmo sigue siendo el mismo: la lógica y el bucle del juego en sí, se supone que no necesitan modificaciones excesivas. Pero queda por ver cómo hacer 3D con Pygame. La respuesta se puede resumir en una palabra: OpenGL.

2. La librería 3D OpenGL

OpenGL (*Open Graphics Library*) es una librería que permite hacer 3D. Se utiliza en muchos dominios más allá de los videojuegos: simulación científica, CAO, realidad aumentada, etc. Su objetivo es permitir crear objetos 3D a los que se puedan asociar texturas. OpenGL se encarga de la visualización de estos objetos 3D teniendo en cuenta la orientación, la distancia y los aspectos relativos a la luz, como la sombra proyectada, la transparencia, etc.

Desde luego, el objetivo aquí no es enseñarle OpenGL. De hecho, OpenGL es un mundo amplio y complejo y se necesitaría mucho más que estas pocas páginas para aprender a programar de forma autónoma con esta herramienta. El objetivo es acompañarle en sus primeros pasos en 3D en un entorno Pygame.

3. OpenGL en Python/Pygame

3.1 PyOpenGL

Hay un módulo de Python que permite trabajar con OpenGL: `PyOpenGL`. Si no está instalado en su máquina, lanzar el comando `pip` en el terminal le permite hacerlo.

```
pip install PyOpenGL
```

Para usarlo en código Python, simplemente importe el módulo como se hace normalmente (para Pygame, por ejemplo). En general, procedemos a importar escribiendo estas dos líneas:

```
from OpenGL.GL import *
from OpenGL.GLU import *
```

3.2 Las nociones fundamentales: vértice y arista

Para definir objetos 3D en OpenGL, utilizaremos dos conceptos fundamentales: vértice (*vertex* en inglés) y arista (*edge* en inglés).

Esquemáticamente, podemos considerar que los vértices son puntos en el espacio y, por lo tanto, tienen sus coordenadas en tres dimensiones. Por ejemplo: (1, 2, -4). Las aristas son los segmentos que conectan los vértices.

De esta manera, si definimos dos vértices:

- vértice 1 situado en las coordenadas (1, 0, 0),
- vértice 2 situado en las coordenadas (0, -1, 0),
- entonces podemos definir la arista 1 que conecta el vértice 1 con el vértice 2.

Esto es equivalente a pensar que definir los objetos 3D en OpenGL es, ante todo, definir una colección de puntos tridimensionales (vértices) y luego definir las aristas que conectan estos vértices entre sí.

3.3 PyOpenGL y Pygame

Cuando creamos la ventana de juego Pygame, especificamos un modo de funcionamiento relativo a OpenGL. El valor utilizado es: `pygame.DOUBLEBUF|pygame.OPENGL`.

Por ejemplo, tenemos este tipo de código:

```
import pygame
pygame.init()
ZONA = (800,800)
pygame.display.set_mode(ZONA, pygame.DOUBLEBUF|pygame.OPENGL)
```

4. PyOpenGL/Pygame: el ejemplo del cubo

Tomemos el ejemplo clásico de un cubo representado en tres dimensiones, que sometemos a una rotación continua. La idea es mostrar solo las aristas del cubo; no definimos ninguna textura o coloración de las caras.

4.1 El código global

Comencemos presentando el código global del ejemplo, antes de proceder a la explicación detallada del programa.

```
import pygame
from OpenGL.GL import *
from OpenGL.GLU import *

VERTICES = (
    (1, -1, -1),
    (1, 1, -1),
    (-1, 1, -1),
    (-1, -1, -1),
    (1, -1, 1),
    (1, 1, 1),
    (-1, -1, 1),
    (-1, 1, 1)
```

```
    )

ARISTAS = (
    (0,1),
    (0,3),
    (0,4),
    (2,1),
    (2,3),
    (2,7),
    (6,3),
    (6,4),
    (6,7),
    (5,1),
    (5,4),
    (5,7)
    )


def Cubo():
    glBegin(GL_LINES)
    for arista in ARISTAS:
        for vertice in arista:
            glVertex3fv(VERTICES[vertice])
    glEnd()

pygame.init()
ZONA = (800,800)
pygame.display.set_mode(ZONA, pygame.DOUBLEBUF|pygame.OPENGL)

gluPerspective(45, (ZONA[0]/ZONA[1]), 0.1, 50.0)
glTranslatef(0.0,0.0, -5)

while True:
  for event in pygame.event.get():
    if event.type == pygame.QUIT:
      pygame.quit()
      quit()

  glRotatef(1, 3, 1, 3)
  glClear(GL_COLOR_BUFFER_BIT|GL_DEPTH_BUFFER_BIT)
  Cubo()
  pygame.display.flip()
  pygame.time.wait(10)
```

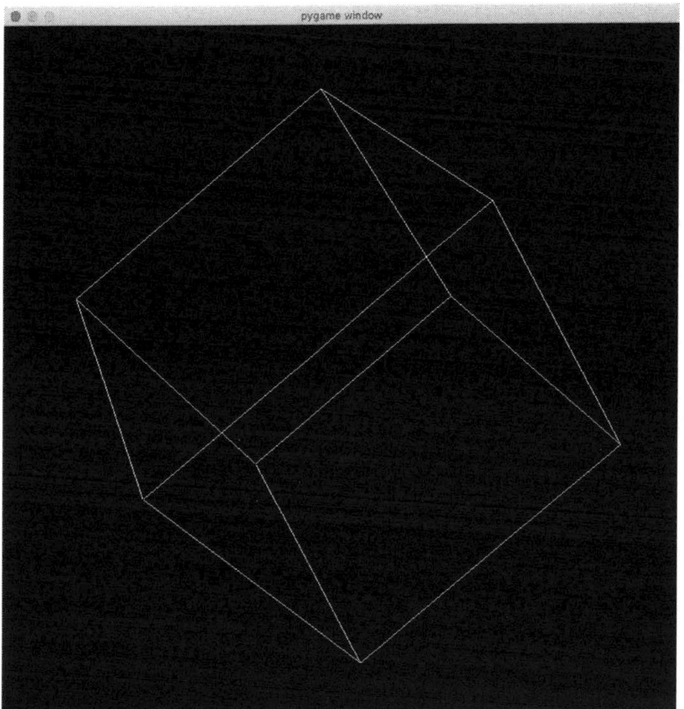

Captura de pantalla de la ventana del cubo 3D en rotación

4.2 Explicación detallada del código

Empezamos importando Pygame y lo que se necesita para usar OpenGL.

```
import pygame
from OpenGL.GL import *
from OpenGL.GLU import *
```

Defina una lista de vértices.

```
VERTICES = (
 (1, -1, -1),
 (1, 1, -1),
 (-1, 1, -1),
 (-1, -1, -1),
 (1, -1, 1),
 (1, 1, 1),
 (-1, -1, 1),
 (-1, 1, 1)
)
```

Por lo tanto, el cubo tiene dos unidades en cada lado y se define entre -1 y +1 en cada uno de los tres ejes.

Los ocho vértices participan en la definición del cubo:

- Vértice 0: (1, -1, -1)
- Vértice 1: (1, 1, -1)
- Vértice 2: (-1, 1, -1)
- Vértice 3: (-1, -1, -1)
- Vértice 4: (1, -1, 1)
- Vértice 5: (1, 1, 1)
- Vértice 6: (-1, -1, 1)
- Vértice 7: (-1, 1, 1)

A continuación, defina los bordes del cubo.

```
ARISTAS = (
  (0,1),
  (0,3),
  (0,4),
  (2,1),
  (2,3),
  (2,7),
  (6,3),
  (6,4),
  (6,7),
  (5,1),
  (5,4),
  (5,7)
 )
```

por ejemplo, `(2,7)` significa "la arista entre los vértices 2 y 7".

A continuación, cree la función que genera el cubo. Para ello, utilice las siguientes funciones OpenGL:

- `glBegin` se utiliza para declarar el inicio del procesamiento. La función recibe como argumento el tipo de elemento geométrico dibujado, aquí `GL_LINES` lo que significa que dibujamos líneas.
- `glEnd` se utiliza para indicar el final de este procesamiento específico.
- `glVertex3fv` permite dibujar aristas.

```
def Cubo():
  glBegin(GL_LINES)
  for arista in ARISTAS:
    for vertice in arista:
      glVertex3fv(VERTICES[vertice])
  glEnd()
```

Además de las líneas (*GL_LINES*), el resto de elementos geométricos que puede dibujar con OpenGL son:

`GL_POINTS`: para dibujar puntos (vértices no conectados).

`GL_LINES`: para dibujar líneas (que es lo que usamos aquí).

`GL_LINE_STRIP`: para dibujar líneas conectadas (de un paso al siguiente).

`GL_LINE_LOOP`: para dibujar líneas conectadas, pero que finalmente forman un bucle.

`GL_TRIANGLES`: para dibujar triángulos.

`GL_QUADS`: para dibujar cuadriláteros.

`GL_POLYGON`: para dibujar polígonos convexos.

Ahora podemos inicializar Pygame y definir una ventana de juego dedicada a OpenGL.

```
pygame.init()
ZONA = (800,800)
pygame.display.set_mode(ZONA, pygame.DOUBLEBUF|pygame.OPENGL)
```

Después, manejamos la perspectiva, es decir, la característica que define cómo el observador verá el sujeto. Usamos la función OpenGL `gluPerspective` que recibe cuatro argumentos:

- El ángulo del campo de visión (en grados).
- El marco de visualización.
- La distancia desde el plano del sujeto más cercano.
- La distancia desde el plano del sujeto más lejano.

```
(gluPerspective(45, (ZONA[0]/ZONA[1]), 0.1, 50.0)
```

Seguidamente hacemos una ligera traslación a lo largo del eje z para obtener una mayor comodidad. De hecho, permite alejar un poco el cubo. De lo contrario estaríamos demasiado cerca de él.

```
GlTranslatef(0.0,0.0, -5)
```

Luego inicie el bucle del juego.

```
while True:
```

Como de costumbre, ocúpese de la acción de abandonar el programa.

```
for event in pygame.event.get():
 if event.type == pygame.QUIT:
   pygame.quit()
   quit()
```

En este momento, aún no se ha publicado nada. Por otro lado, tenemos un marco tridimensional que está definido por OpenGL y al que hemos enviado información sobre la perspectiva, así como una ligera traslación.

En el bucle de juego, aplicamos una rotación a la escena y por lo tanto a estas coordenadas. Para eso, utilizamos la función `glRotatef` de OpenGL. Los argumentos de la función se corresponden con los valores en la matriz de rotación específicos de la rotación deseada. Por "matriz de rotación" se entiende una tabla de vectores que caracteriza la rotación en sí, es lo que la define. No debe olvidar que esta rotación se realiza en cada iteración del bucle de juego.

```
GlRotatef(1, 3, 1, 3)
```

A continuación, limpie algunas propiedades de OpenGL correspondientes a los valores que se pasan como argumentos.

```
glClear(GL_COLOR_BUFFER_BIT|GL_DEPTH_BUFFER_BIT)
```

Luego dibuje el cubo.

```
Cubo()
```

Finalmente, actualice la ventana de Pygame antes de imponer un breve tiempo de espera.

```
pygame.display.flip()
pygame.time.wait(10)
```

5. Ir más lejos con PyOpenGL/Pygame: el ejemplo del cubo (continuación)

Volvamos al ejemplo anterior tratando de colorear las superficies de tal manera que se acentúe la impresión 3D.

Un punto importante que se debe aclarar: un color RGB, que se define en Python/Pygame con valores entre 0 y 255, se define en el lado OpenGL con valores entre 0 y 1. Si tomamos el ejemplo del color rojo:

- está codificado `(255, 0, 0)` en Pygame,
- está codificado `(1, 0, 0)` en OpenGL.

5.1 El código global

Nos encontramos en gran medida con la trama del código global anterior, al que vamos a añadir la gestión de superficies y colores.

```
import pygame
from OpenGL.GL import *
from OpenGL.GLU import *

COLORES = (
 (1,0,0),
 (0,1,0),
 (0,0,1),
 (1,0,0),
 (0,1,0),
 (0,0,1),
 (1,0,0),
 (0,1,0),
 (0,0,1),
 (1,0,0),
 (0,1,0),
 (0,0,1),
)

VERTICES = (
 (1, -1, -1),
 (1, 1, -1),
 (-1, 1, -1),
 (-1, -1, -1),
 (1, -1, 1),
 (1, 1, 1),
 (-1, -1, 1),
 (-1, 1, 1)
)

ARISTAS = (
 (0,1),
 (0,3),
 (0,4),
 (2,1),
 (2,3),
 (2,7),
 (6,3),
 (6,4),
 (6,7),
 (5,1),
 (5,4),
 (5,7)
)

SUPERFICIES = (
 (0,1,2,3),
 (3,2,7,6),
 (6,7,5,4),
 (4,5,1,0),
 (1,5,7,2),
 (4,0,3,6)
)
```

```
def Cubo():
 glBegin(GL_QUADS)
 for superficie in SUPERFICIES:
   cmp = 0
   for vertice in superficie:
     cmp+=1
     glColor3fv(COLORES[cmp])
     glVertex3fv(VERTICES[vertice])
 glEnd()

 glBegin(GL_LINES)
 for edge in ARISTAS:
   for vertice in edge:
     glVertex3fv(VERTICES[vertice])
 glEnd()

pygame.init()
display = (800, 800)
pygame.display.set_mode(display, pygame.DOUBLEBUF | pygame.OPENGL)

gluPerspective(45, (display[0] / display[1]), 0.1, 50.0)
glTranslatef(0.0, 0.0, -5)

while True:
 for event in pygame.event.get():
   if event.type == pygame.QUIT:
     pygame.quit()
     quit()

 glRotatef(1, 3, 1, 1)
 glClear(GL_COLOR_BUFFER_BIT | GL_DEPTH_BUFFER_BIT)
 Cubo()
 pygame.display.flip()
 pygame.time.wait(10)
```

Captura de pantalla de la ventana del cubo 3D, con superficies coloreadas, y en rotación

5.2 Explicación detallada del código

Defina una lista de doce colores compuestos de rojo, verde y azul.

```
COLORES = (
  (1,0,0),
  (0,1,0),
  (0,0,1),
  (1,0,0),
  (0,1,0),
  (0,0,1),
  (1,0,0),
  (0,1,0),
  (0,0,1),
  (1,0,0),
  (0,1,0),
  (0,0,1),
)
```

Luego defina las superficies, es decir, las seis caras del cubo.

```
SUPERFICIES = (
 (0,1,2,3),
 (3,2,7,6),
 (6,7,5,4),
 (4,5,1,0),
 (1,5,7,2),
 (4,0,3,6)
)
```

Finalmente, use la función `glColor3fv` para colorear las caras y, de esta manera, acentuar la perspectiva y la sensación 3D para el observador.

```
def Cubo():
 glBegin(GL_QUADS)
 for superficie in SUPERFICIES:
   cmp = 0
   for vertice in superficie:
     cmp+=1
     glColor3fv(COLORES[cmp])
     glVertex3fv(VERTICES[vertice])
 glEnd()

 glBegin(GL_LINES)
 for edge in ARISTAS:
   for vertice in edge:
     glVertex3fv(VERTICES[vertice])
 glEnd()
```

6. OpenGL en Python y macOS

Se supone que los códigos anteriores funcionan en todos los sistemas operativos Linux, Windows o macOS, habilitando un entorno virtual basado en el archivo requirements.txt (generado en diciembre de 2022):

```
pygame==2.1.2
PyOpenGL==3.1.6
```

Sin embargo, un error que afecta exclusivamente a algunos sistemas macOS (Linux y Windows no se ven afectados), causa el siguiente error al usar OpenGL con Python:

```
ImportError: ('Unable to load OpenGL library', 'dlopen(OpenGL, 10):
image not found', 'OpenGL', None)
```

Dos soluciones pendientes de la resolución de este error, en el lado de PyOpenGL:

- Parchear el árbol de PyOpenGL, que es bastante desaconsejable.
- Utilizar en su código PyOpenGL, las siguientes líneas de código.

```
import pygame
try:
   import OpenGL as ogl
   try:
       import OpenGL.GL
   except ImportError:
       print('Patch para MacOS')
       from ctypes import util
       orig_util_find_library = util.find_library

       def new_util_find_library(name):
           res = orig_util_find_library(name)
           if res:
               return res
           return '/System/Library/Frameworks/'+name+'.framework/'+name
       util.find_library = new_util_find_library
except ImportError:
   pass
from OpenGL.GL import *
from OpenGL.GLU import *
```

7. La noción de motor de videojuegos

7.1 Definición

Un motor de videojuegos es un paquete de software que hace la vida más fácil en el marco del desarrollo de videojuegos. Tomemos como ejemplo el desarrollo de un juego que consiste en lanzar una pelota al suelo, una pelota que rebota de forma realista, algunas veces en el suelo y otras en un charco, en cuyo caso la simulación difiere un poco (proyección de agua, amortiguación, etc.). El motor permite centrarse en la parte principal del juego de simulación, es decir, la ambientación, la jugabilidad y el escenario. Los aspectos técnicos están completamente dedicados al motor del juego. Entre otros:

- la colisión pelota/suelo,
- la simulación de la gravedad,
- la simulación de proyecciones acuosas,
- la representación 3D de la pelota,
- etc.

Muchos aspectos que podemos agrupar en una gran familia de aspectos físicos, representaciones 2D/3D, gestión de colisiones, etc.

7.2 ¿Crear su propio motor de juego?

Pygame ofrece una serie de herramientas para la gestión de colisiones (funciones de tipo `spritecollide`, etc.). ¿Significa esto que Pygame es un motor de juego? En absoluto. Es cierto que algunos aspectos de Pygame podrían sugerirlo (gestión de colisiones), pero no va mucho más allá. Simplemente no es el papel de Pygame, que sigue siendo de nivel relativamente bajo. Pudimos comprobar que desarrollar en 3D directamente con OpenGL no es fácil, de ahí el interés de tener una superposición que encapsule tareas recurrentes.

Por lo tanto, en el contexto de Pygame un motor de juego es más bien una capa de software que estaría "por encima" de Pygame y que encapsularía una serie de funcionalidades recurrentes en el desarrollo de videojuegos.

Al desarrollar juegos de más o menos el mismo tipo, con los mismos objetos recurrentes, puede ser interesante diseñar esta capa de software. Por ejemplo, nos especializamos en los de romper ladrillos. De un juego a otro, el manejo de los eventos del teclado es sistemáticamente el mismo: probamos la pulsación de las teclas [Flecha izquierda] y [Flecha derecha] cada vez. Aquí hay un primer punto factorizable en un motor de juego.

7.3 Un borrador de motor de juego

Pongámonos en la situación de desarrollar exclusivamente juegos de romper ladrillos. En cuyo caso, nos enfrentamos a un contexto que siempre es similar: una instancia de raqueta que se mueve de derecha a izquierda, un bucle de juego más o menos siempre igual, etc.

Aquí nos limitamos a crear una base de motor de juego que simplemente gestione la raqueta, su creación y movimiento lateral en la ventana del juego.

El código que gestiona el juego, la creación de la raqueta única y su movimiento lateral se reduce a estas tres líneas:

```
from MOTOR import *
motor = MOTOR()
motor.BUCLE_DE_JUEGO()
```

De hecho, hemos configurado la mayor parte de este código factorizable en el archivo MOTOR.py que puede ser la base de todos los juegos de romper ladrillos.

```
import pygame, sys

ANCHURA, ALTURA = 640, 480
RAQUETA_VELOCIDAD = 20

class OBJETO(pygame.sprite.Sprite):

 def __init__(self, IMAGE):
   pygame.sprite.Sprite.__init__(self)
   self.image = pygame.image.load(IMAGE).convert()
```

```
    self.image.set_colorkey((255, 255, 255))
    self.rect = self.image.get_rect()

class RAQUETA(OBJETO):

 def __init__(self, IMAGE):
   OBJETO.__init__(self, IMAGE)
    self.rect.bottom = ALTURA
    self.rect.left = (ANCHURA - self.image.get_width()) / 2

 def MoverIzquierda(self):
 if self.rect.left > 0:
   self.rect.move_ip(-RAQUETA_VELOCIDAD, 0)

 def MoverDerecha(self):
   if self.rect.right < ANCHURA:
     self.rect.move_ip(RAQUETA_VELOCIDAD, 0)

class MOTOR:
 _titulo = "juego de romper ladrillos"
 _anchura = 400
 _altura = 400
 _fondo = (255, 255, 255)

 _ventana = pygame.display.set_mode((ANCHURA, ALTURA))
 pygame.display.set_caption(_titulo)
 pygame.key.set_repeat(400, 30)
 pygame.display.set_caption('Juego de romper ladrillos')
 _reloj = pygame.time.Clock()

 _lista = pygame.sprite.Group()
 _raqueta = RAQUETA("RAQUETA.png")
 _lista.add(_raqueta)
 print(_raqueta)

 def BUCLE_DE_JUEGO(self):
   while True:
     for event in pygame.event.get():
       if event.type == pygame.QUIT:
         print("Salida")
         pygame.quit()
         sys.exit()
       elif event.type == pygame.KEYDOWN:
         if event.key == pygame.K_LEFT:
           self._raqueta.MoverIzquierda()
         elif event.key == pygame.K_RIGHT:
           self._raqueta.MoverDerecha()

     self._ventana.fill((0, 0, 0))
     self._lista.draw(self._ventana)
     self._lista.update()
     self._reloj.tick(60)
     pygame.display.flip()
```

Capítulo 10

Principales módulos de Pygame

1. Introducción

Aquí la idea es proporcionar una documentación relativamente precisa de los principales módulos y objetos de Pygame utilizados en el libro. De hecho, aunque la documentación oficial en línea es excelente, actualmente no hay documentación disponible en castellano. El objetivo no es cubrir exhaustivamente cada módulo, sino al menos tener una documentación muy completa de las funciones utilizadas con frecuencia en el desarrollo con Pygame. Solo se ignoran las funciones utilizadas con poca frecuencia.

Observación

La documentación oficial en línea de Pygame está disponible en la dirección web: https://www.pygame.org/docs/

Los módulos u objetos detallados aquí están en el orden de su primer uso en el libro:

1. *Color*
2. *time*
3. *event*
4. *display*
5. *Surface*
6. *draw*
7. *image*

8. *font*
9. *mouse*
10. *key*
11. *transform*
12. *mixer*
13. *music*
14. *sprite*

Una aclaración en cuanto a una notación que se usará con regularidad: la siguiente línea significa que la llamada a la *función Ejemplo1*, que recibe como argumento *a* y *b*, devuelve un *int*.

```
Ejemplo1(a, b) -> int
```

Otro ejemplo, la *función Ejemplo2* que recibe como argumento *i*, *j* y *k* devuelve un objeto de tipo *Color*.

```
Ejemplo2( i, j, k) -> Color
```

2. El objeto Color

2.1 La clase Color

La clase *Color* se utiliza para crear instancias de objetos que representan colores.

Los colores se definen mediante una tupla (*r*, *g*, *b*, *a*):

- *r* representa el componente rojo, un valor entre 0 y 255.
- *g* representa el componente verde, un valor entre 0 y 255.
- *b* representa el componente azul, un valor entre 0 y 255.
- *a* representa el componente alfa que define la opacidad asociada, es un valor entre 0 y 255. 255 representa la opacidad total y es el valor predeterminado. Bajar este valor significa bajar un poco la opacidad y hacer que el elemento coloreado (un píxel o una forma geométrica) sea un poco más transparente.

2.2 Los constructores de Color

Hay tres funciones de tipo constructor para crear un objeto *Color*:

```
Color(r, g, b) -> Color
Color(r, g, b, a=255) -> Color
Color(color_value) -> Color
```

Por lo tanto, podemos crear un objeto *Color* pasando los argumentos *r*, *g* y *b*. También podemos especificar *a* (alfa), cuyo valor predeterminado es 255.

2.3 Las principales funciones de la clase Color

Función de tipo descriptor de acceso que permite obtener o modificar la cantidad *r*:

```
pygame.Color.r
```

Función de tipo descriptor de acceso que permite obtener o modificar la cantidad *g*:

```
pygame.Color.g
```

Función de tipo descriptor de acceso que permite obtener o modificar la cantidad *b*:

```
pygame.Color.b
```

Una función de tipo descriptor de acceso que permite obtener o modificar la cantidad a (alfa). De forma predeterminada, el valor de alfa es 255, que se corresponde con una opacidad máxima:

```
pygame.Color.a
```

Ejemplo de uso

```
import pygame
color = pygame.Color(255, 255, 255)
color.r = 0
print(color.r)
```

Obtenemos esto en el terminal:

```
0
```

2.4 Funciones asociadas a otras representaciones del color

Aunque RGB es el sistema de representación de colores más frecuente en informática, no es el único.

2.4.1 Representación CMY

Por ejemplo, existe la representación mediante la combinación de cuatro colores, también conocida como CMA (Cian - Magenta - Amarillo) o CMY (*Cyan - Magenta - Yellow*) que utiliza una codificación basada en los colores cian, magenta, amarillo y negro. Podemos definir un color Pygame gracias a esta representación. Para hacerlo, utilizamos la función *cmy* que permite obtener o modificar el color.

```
pygame.Color.cmy
```

2.4.2 Representación HSV y HSL

Otros sistemas de representación: HSL (*Hue - Saturation - Light*, Matiz - Saturación - Luminosidad) y HSV (*Hue - Saturation - Value*, Matiz - Saturación - Valor). A cada uno estos dos tríos se añade una cantidad de opacidad alfa.

Para estos dos sistemas de representación, hay respectivamente una función dedicada:

```
pygame.Color.hsla
```

```
pygame.Color.hsva
```

2.4.3 Representación I1I2I3

Hay otra representación que se utiliza muy poco. El descriptor de acceso que permite obtener o cambiar el color está disponible en el módulo.

```
pygame.Color.i1i2i3
```

2.5 Otras funciones

2.5.1 La función normalize

Es posible que sea necesario recuperar los tres valores normalizados RGB en una tupla. Esto significa que cada valor se divide por 255 para estar entre 0 y 1. La función *normalize* lo permite.

```
normalize() -> tupla
```

Ejemplo

```
import pygame
color = pygame.Color(255, 255, 255)
print(color.normalize())
print (color)
```

Obtenemos esto en el terminal:

```
(1.0, 1.0, 1.0, 1.0)
(255, 255, 255, 255)
```

2.5.2 La función correct_gamma

La corrección gamma permite cambiar el contraste. La función *correct_gamma* permite realizar este cambio.

```
correct_gamma (gamma) -> Color
```

2.5.3 La función set_length

En raras ocasiones, uno puede querer reducir el "tamaño" de un color. Un color se corresponde con una tupla de cuatro elementos (RGBA) que, en algunos casos, es necesario reducir a tres elementos (RGB). La función *set_length* lo permite.

```
import pygame
color = pygame.Color(255, 255, 255)
print(len(color))
color.set_length(3)
print(len(color))
```

Obtenemos esto en el terminal:

```
4
3
```

3. El módulo Time

3.1 La función get_ticks

```
get_ticks() -> milisegundos
```

Esta función se utiliza para obtener el número de milisegundos entre la inicialización de Pygame (llamada *pygame.init()*) y la llamada de esta función *get_ticks*.

Por ejemplo, al ejecutar este programa:

```
import pygame
pygame.init()
screen=pygame.display.set_mode((200,400))
print(pygame.time.get_ticks())
```

obtenemos (en la máquina utilizada) el siguiente valor en el terminal:

```
1727
```

Esto significa que entre la llamada de *init* y la llamada de *get_ticks*, hubo una duración de 1 a 2 segundos.

3.2 La función wait

```
wait(milisegundos) -> time
```

La función *wait* permite pausar la ejecución durante un período de tiempo expresado en milisegundos.

3.3 La función delay

```
delay(milisegundos) -> time
```

La función *delay*, como *wait*, permite pausar la ejecución durante un período de tiempo expresado en milisegundos. Utiliza el procesador del ordenador y, por lo tanto, se supone que es más precisa que *wait*.

3.4 La función set_timer

```
set_timer(eventid, milisegundos) -> None
```

Esta función *set_timer* permite crear un evento que se coloca en la cola de los eventos. Se activa cíclicamente cada *x* milisegundos, donde *x* es el valor que se pasa como argumento.

Por ejemplo, en el código siguiente, activamos un evento cada segundo.

```
import pygame
pygame.init()
screen=pygame.display.set_mode((200,400))

pygame.time.set_timer(pygame.USEREVENT, 1000)

while True:
 event = pygame.event.wait()
 print(event)
 if event.type == pygame.QUIT:
 break

pygame.quit()
```

En el terminal obtenemos esto, cada línea se corresponde con la activación del evento cada segundo.

```
<Event(24-UserEvent {'code': 0, 'window': None})>
<Event(24-UserEvent {'code': 0, 'window': None})>
<Event(24-UserEvent {'code': 0, 'window': None})>
<Event(24-UserEvent {'code': 0, 'window': None})>
<Event(24-UserEvent {'code': 0, 'window': None})>
<Event(24-UserEvent {'code': 0, 'window': None})>
```

3.5 El objeto Clock

El módulo *time* también incluye un objeto *Clock* que permite crear instancias de un reloj, para rastrear una duración determinada con la mayor precisión posible. Además, el objeto proporciona funciones que controlan el número máximo de imágenes que se pueden mostrar cada segundo.

3.5.1 Creación de una instancia

```
Clock() -> Clock
```

Con este constructor/inicializador creamos una instancia de *Clock*. Tenemos una línea que se parece a lo siguiente:

```
reloj = pygame.time.Clock()
```

3.5.2 La función tick

```
tick(framerate=0) -> milisegundos
```

Esta función se llama una vez por imagen. Si no se pasa ningún valor como argumento, calcula el tiempo en milisegundos entre dos de sus llamadas. Por el contrario, si pasamos un *framerate* como argumento en milisegundos, significa que reducimos la velocidad de ejecución del juego de la visualización de este número de fotogramas por segundo. En el siguiente ejemplo, el juego nunca superará los 25 imágenes mostradas por segundo.

```
import pygame
pygame.display.init()
ventana = pygame.display.set_mode((400, 400))
reloj=pygame.time.Clock()

while True:
 for event in pygame.event.get():
 if event.type == pygame.QUIT:
 break
 reloj.tick(25)

pygame.quit()
```

3.5.3 La función get_time

```
get_time() -> milisegundos
```

Esta función *get_time* permite conocer la cantidad de milisegundos transcurridos desde la última llamada de *tick*.

En el siguiente ejemplo, se utiliza *get_time* con un *framerate* de 25 imágenes por segundo.

```
import pygame
pygame.display.init()
ventana = pygame.display.set_mode((400, 400))
reloj=pygame.time.Clock()

while True:
 for event in pygame.event.get():
 if event.type == pygame.QUIT:
 break
 print(reloj.get_time())
 reloj.tick(25)

pygame.quit()
```

Obtenemos la siguiente salida en el terminal.

```
40
41
40
40
41
40
```

De hecho, como tenemos 25 imágenes por segundo como máximo, el tiempo entre dos imágenes es de unos 40 milisegundos. Así que el resultado es lógico.

3.5.4 La función get_fps

```
get_fps() -> float
```

Esta función *get_fps* permite conocer el número de imágenes mostradas desde la última llamada de *tick*.

En el ejemplo siguiente se utiliza *get_fps* con un *framerate* de 25 imágenes por segundo.

```
import pygame
pygame.display.init()
ventana = pygame.display.set_mode((400, 400))
reloj=pygame.time.Clock()

while True:
 for event in pygame.event.get():
 if event.type == pygame.QUIT:
 break
 print(reloj.get_fps())
 reloj.tick(25)

pygame.quit()
```

Lógicamente obtenemos la siguiente salida en el terminal:

```
24.81389617919922
24.81389617919922
24.81389617919922
24.81389617919922
```

De hecho, estos son valores muy cercanos a las teóricas 25 imágenes por segundo.

4. El módulo event

El módulo *event* permite administrar eventos. Tan pronto como se genera un evento, desde un teclado, ratón u otro periférico de juego, se coloca en una cola que el módulo *event* permite administrar y usar. El papel de las funciones de este módulo es interactuar con la cola de eventos.

Un evento se define primero por su tipo *EventType*. Los valores principales de este argumento son:

```
QUIT              0
ACTIVEEVENT       1
KEYDOWN           2
KEYUP             3
MOUSEMOTION       4
MOUSEBUTTONUP     5
MOUSEBUTTONDOWN   6
JOYAXISMOTION     7
JOYBALLMOTION     8
JOYHATMOTION      9
JOYBUTTONUP      10
JOYBUTTONDOWN    11
VIDEORESIZE      12
VIDEOEXPOSE      13
USEREVENT        14
```

4.1 La función pump

```
pump() -> None
```

Es muy raro tener que utilizar esta función. Se corresponde con la siguiente situación: no utilizar eventos en el bucle de juego. En este caso, todavía es necesario mantener una interacción. Llamar a cada iteración de la función *pygame.event.pump* lo permite.

4.2 La función get

```
get(eventtype=None) -> Eventlist
```

Esta función se utiliza mucho desde que se empieza a programar con Pygame, permite recuperar eventos de la cola. De hecho, es extremadamente raro encontrar un programa Pygame que no la use. La idea es recuperar la lista de todos los eventos que están en la cola. Estos eventos se pueden filtrar usando el argumento *eventtype* (por ejemplo, recuperar solo eventos del teclado).

<u>Ejemplo correspondiente a su uso habitual en el bucle del juego</u>

```
import pygame
pygame.init()

while True:
 for event in pygame.event.get():
 tipo= str(event.type)
 print(tipo)
```

4.3 La función poll

```
poll() -> Evento
```

Esta función devuelve un único evento de la cola. Sin embargo, si está vacía, devuelve *pygame.NOEVENT* como en el siguiente ejemplo, donde no se activa ningún evento.

```
import pygame
pygame.init()

evento = pygame.event.poll()
print(evento)
```

Obtenemos esto en el terminal:

```
<Event(0-NoEvent {})>
```

4.4 La función wait

```
wait() -> Evento
```

La función *wait* es muy similar a la anterior, pero con una gran diferencia: si no hay ningún evento en la cola, espera hasta que haya uno para devolverlo.

De esta manera, cuando se ejecuta el siguiente código, no sucede nada. El programa está esperando un evento.

```
import pygame
pygame.init()

evento = pygame.event.wait()
print(evento)
```

Posteriormente, presionamos una tecla, que desbloquea el programa que estaba pendiente y se muestra lo siguiente en el terminal:

```
<Event(2-KeyDown {'unicode': 'd', 'key': 100, 'mod': 0, 'scancode': 2,
'window': None})>
```

4.5 La función peek

```
peek(eventtype=None) -> bool
```

Continuamos más o menos con los mismos usos con la función *peek*: probamos si hay eventos en la cola. En caso afirmativo, la función devuelve *True*. De lo contrario, devuelve *False*. También puede pasar como argumento un *EventType* que permite filtrar por un tipo determinado de evento.

4.6 La función clear

```
clear(eventtype=None) -> None
```

Esta función permite limpiar y, por lo tanto, vaciar la cola de eventos. Entre otras cosas, se utiliza para restablecer el juego para una próxima partida.

4.7 La función event_name

```
event_name(type) -> string
```

Si preguntamos por el tipo de evento, obtenemos un entero que lo define. Es posible que deseemos conocer la cadena de caracteres asociada, que es más explícita.

Por ejemplo, mostramos el tipo del evento y después su nombre.

```
import pygame
pygame.init()

event = pygame.event.wait()
print(event.type)
print(pygame.event.event_name(event.type))
```

Seguidamente, presionamos una tecla y obtenemos esto en el terminal:

```
2
KeyDown
```

4.8 La función set_blocked

```
set_blocked(type) -> None
```

Puede decidir qué eventos están permitidos o no en la cola. Es decir, algunos eventos pueden no tener ningún uso para el juego y, en este caso, tener un efecto parasitario en el funcionamiento en sí. También podría ignorarlos y no tener que administrarlos en la cola. Esto se puede hacer a través de *set_blocked*.

Esto prohíbe los eventos de tipo "tecla pulsada":

```
pygame.event.set_blocked(pygame.KEYDOWN)
```

4.9 La función set_allowed

```
set_allowed(tipo) -> None
```

La función *set_allowed* es exactamente la opuesta a la función anterior *set_blocked*. Permite autorizar un tipo de evento, como en el ejemplo siguiente:

```
pygame.event.set_allowed(pygame.KEYDOWN)
```

5. El módulo display

Este módulo se utiliza sistemáticamente en un código Pygame, ya que gestiona todos los aspectos relacionados con la ventana del juego. En el módulo *pygame* se puede llamar directamente a algunas funciones de *display*.

Así:

```
pygame.init()
```

es equivalente a:

```
pygame.display.init()
```

5.1 La función init

```
init() -> None
```

Esta es la función que permite inicializar Pygame. No podemos prescindir de ella y la usamos sistemáticamente en cada código de Pygame. Tenga en cuenta que los dos códigos siguientes son equivalentes y que, en general, es preferible el segundo.

```
pygame.display.init()
```

```
pygame.init()
```

5.2 La función quit

```
quit() -> None
```

Esta es la función que permite detener el uso del módulo *display* y, más generalmente, el módulo de Pygame. Tenga en cuenta que los dos códigos siguientes son equivalentes y que, en general, es preferible el segundo.

```
pygame.display.quit()
```

```
pygame.quit()
```

5.3 La función get_init

```
get_init() -> bool
```

La función *get_init* permite saber si se ha producido la inicialización de Pygame.

Ejemplo

```
import pygame
print(pygame.display.get_init())
pygame.display.init()
print(pygame.display.get_init())
```

Obtenemos esto en el terminal:

```
0
1
```

5.4 La función set_mode

```
set_mode(size=(0, 0), flags=0, depth=0, display=0) -> Surface
```

Esta es la función encargada de crear la superficie asociada a la ventana de juego. De forma más clara, es la función que crea la ventana.

Aquí hay algunas opciones que pueden ser útiles:

```
pygame.FULLSCREEN  La ventana del juego está en pantalla completa.
pygame.RESIZABLE   La ventana del juego es redimensionable.
pygame.NOFRAME     La ventana del juego no tiene bordes.
```

En el ejemplo siguiente se muestran estos tres posibles valores. La ventana que se muestra es de pantalla completa, redimensionable y sin bordes.

```
import pygame
pygame.init()
flags = pygame.FULLSCREEN | pygame.RESIZABLE | pygame.NOFRAME
screen=pygame.display.set_mode((200,400), flags)
```

5.5 La función flip

```
flip() -> None
```

La función *flip* actualiza la visualización general de la ventana de juego. Se usa sistemáticamente, generalmente al final del bucle del juego.

5.6 La función update

```
update(rectangle=None) -> None
```

Esta función *update* permite actualizar parcialmente la visualización de la ventana de juego. Efectivamente, podemos pasar un *Rect* (rectángulo) como argumento y el área correspondiente se actualizará. En la cinemática del juego solo queremos actualizar parte de la ventana de juego.

Si no hay argumento, *update* actualiza toda la ventana de juego y se convierte en una versión optimizada de la función *flip*.

5.7 La función set_icon

```
set_icon(Surface) -> None
```

Esta función permite definir la imagen del sistema asociada con la aplicación del juego que hemos desarrollado. En general, elegimos una imagen de tipo icono de tamaño 32 x 32 píxeles.

5.8 La función set_caption

```
set_caption(title, icontitle=None) -> None
```

Esta función *set_caption* permite establecer el título de la ventana del juego.

6. El objeto Surface

La superficie en el desarrollo usando Pygame, es un objeto que permite representar imágenes en el sentido más amplio de la palabra: áreas geométricas coloreadas, áreas que albergan archivos de imagen, cuadros de texto o la propia ventana de juego, que también es una superficie.

6.1 El constructor de Surface

```
Surface((width, height), flags=0, depth=0, masks=None) -> Surface
```

Además de la anchura y la altura de la superficie que se va a crear, el resto de argumentos tienen valores predeterminados. De hecho, *flags*, *depth* y *masks* se corresponden con usos muy específicos y raros.

En el siguiente ejemplo se crea una superficie "base" que no está dedicada específicamente a un archivo de imagen, texto u objeto geométrico. Solo especificamos que el ancho es igual a 50 y el alto a 25.

```
import pygame
pygame.init()

superficie = pygame.Surface((50, 25))
print(superficie)
```

En el terminal, obtenemos lo siguiente: encontramos las dimensiones 50 y 25, así como los valores predeterminados del resto de argumentos.

```
<Surface(50x25x32 SW)>
```

6.2 La función blit

Esta función es fundamental porque permite posicionar una superficie dentro de otra. Como recordatorio, la ventana del juego es una superficie. Esta función *blit* permite colocar una superficie en la ventana del juego.

```
blit(source, dest, area=None, special_flags=0) -> Rect
```

Aquí mostramos una superficie de color azul en un lugar determinado de la ventana de juego.

```
import pygame
pygame.init()

pygame.display.set_caption(u'Blit')
 ventana = pygame.display.set_mode((400, 400))

superficie = pygame.Surface((50, 25))
azul = (0, 0, 255)
superficie.fill(azul)
rectazul = ventana.blit(superficie, (200, 200))
```

```
print(rectazul)

pygame.display.flip()

while True:
 event = pygame.event.wait()
 if event.type == pygame.QUIT:
 break

pygame.quit()
```

En la ventana de juego, tenemos una instancia de *Rect*.

```
<rect(200, 200, 50, 25)>
```

6.3 La función blits

```
blits(blit_sequence=(source, dest), ...), doreturn=1) -> [Rect, ...] or None
blits((source, dest, area), ...)) -> [Rect, ...]
blits((source, dest, area, special_flags), ...)) -> [Rect, ...]
```

La idea de esta función es añadir varias superficies "a la vez" a una superficie dada. De hecho, se trata de pasar varios pares `(superficie, punto)` como argumento.

Por ejemplo, se muestran varias superficies con un fondo azul a la vez en la ventana de juego.

```
import pygame
pygame.init()

pygame.display.set_caption(u'Blit')
 ventana = pygame.display.set_mode((400, 400))

superficie0 = pygame.Surface((50, 25))
superficie1 = pygame.Surface((50, 25))
superficie2 = pygame.Surface((50, 25))

azul = (0, 0, 255)
superficie0.fill(azul)
superficie1.fill(azul)
superficie2.fill(azul)
rects = ventana.blits( ((superficie0, (0, 0)), (superficie1, (100, 100)),
(superficie2, (200, 200))))

print(rects)
pygame.display.flip()

while True:
 event = pygame.event.wait()
 if event.type == pygame.QUIT:
 break

pygame.quit()
```

En el terminal obtenemos el resultado de *print(rects)*, que es el siguiente (una lista de instancias de *Rect*):

```
[<rect(0, 0, 50, 25)>, <rect(100, 100, 50, 25)>, <rect(200, 200, 50, 25)>]
```

6.4 Las funciones convert y convert_alpha

```
convert(Surface=None) -> Surface
```

Estas funciones permiten crear una nueva copia de la superficie con atributos como *depth*, *falgs*, *masks*, etc. Pero es rara la vez que se usa esta función. Su interés está en otra parte: aplicar un *convert* a una superficie. Trabajar con la copia creada de esta manera da mejores resultados cuando se llama a la función *blit*.

Observación

También es una buena práctica llamar sistemáticamente a *convert* para las superficies utilizadas, para mejorar el *blit*.

Por lo general, se usa llamándola directamente al crear la superficie. Como en la siguiente línea del código:

```
superficie = pygame.Surface((50, 25)).convert()
```

```
import pygame
pygame.init()

pygame.display.set_caption(u'Blit')
 ventana = pygame.display.set_mode((400, 400))

superficie = pygame.Surface((50, 25)).convert()
azul = (0, 0, 255)
superficie.fill(azul)
rect = ventana.blit(superficie, (200, 200))

pygame.display.flip()

while True:
 event = pygame.event.wait()
 if event.type == pygame.QUIT:
 break

pygame.quit()
```

6.5 La función copy

```
copy() -> Surface
```

Esta función parece que se utiliza poco. Su objetivo es hacer una copia simple de una superficie, que está muy relacionada con el uso de la función anterior.

Ejemplo de uso

```
superficie = pygame.Surface((50, 25)).copy()
```

6.6 La función fill

```
fill(color, rect=None, special_flags=0) -> Rect
```

El objetivo de esta función es rellenar una superficie dada con un color concreto.

Por ejemplo, el siguiente código permite disponer de una superficie rectangular de color azul.

```
superficie = pygame.Surface((50, 25)).convert()
azul = (0, 0, 255)
superficie.fill(azul)
rect = ventana.blit(superficie, (200, 200))
```

6.7 La función scroll

```
scroll(dx=0, dy=0) -> None
```

La función permite desplazar una superficie de *dx* a lo largo del eje x y *dy* a lo largo del eje y. Los valores de desplazamiento pueden ser negativos. Si la superficie original no se borra, entonces permanece en su lugar.

Observación

Una buena práctica parece ser elegir valores de desplazamiento mayores que las dimensiones de la superficie en cuestión.

Ejemplo de uso

```
import pygame
pygame.init()
clock=pygame.time.Clock()

pygame.display.set_caption(u'Blit')
 ventana = pygame.display.set_mode((400, 400))

superficie = pygame.Surface((10, 10)).copy()
azul = (0, 0, 255)
superficie.fill(azul)
rect = ventana.blit(superficie, (0, 200))

while True:
      event = pygame.event.wait()
      if event.type == pygame.QUIT:
          break

      pygame.display.update()
      ventana.scroll(15, 0)
      clock.tick(60)

pygame.quit()
```

6.8 La función set_colorkey

```
set_colorkey(Color, flags=0) -> None
```

Esta función permite definir un color asociado con la superficie que se está procesando: este color, si es el mismo que el de un píxel en la superficie, hace que este píxel sea transparente. Es muy útil para asignar a posteriori un fondo transparente a una imagen que no tiene uno.

En el siguiente ejemplo, hacemos invisible el cuadrado azul gracias a estas dos líneas:

```
superficie.fill(azul)
superficie.set_colorkey(azul)
```

Estas dos líneas proceden del siguiente ejemplo completo:

```
import pygame
pygame.init()
clock=pygame.time.Clock()

pygame.display.set_caption(u'Blit')
ventana = pygame.display.set_mode((400, 400))

superficie = pygame.Surface((50, 50)).copy()
azul = (0, 0, 255)
superficie.fill(azul)
superficie.set_colorkey(azul)
rect = ventana.blit(superficie, (200, 200))

pygame.display.update()
while True:
 event = pygame.event.wait()
 if event.type == pygame.QUIT:
  break

pygame.quit()
```

6.9 La función get_colorkey

```
get_colorkey() -> RGB or None
```

Esta función permite obtener el *colorkey* mencionado anteriormente. Si no se ha declarado ninguna *colorkey*, la función devuelve *None*.

7. El módulo draw

El módulo *draw* es el módulo de Pygame que permite mostrar formas geométricas. Su uso es relativamente intuitivo, las funciones generalmente reciben el nombre (en inglés) de las formas que se desea mostrar.

7.1 La función rect

```
rect(superficie, color, rect, width=0)
```

Para mostrar un rectángulo, pasamos como argumento:

- el área de visualización,
- el color del contorno,
- el par de coordenadas del punto superior izquierdo e inferior derecho del rectángulo,
- el eventual grosor del contorno.

Ejemplo de uso

```
ventana = pygame.display.set_mode((400, 400))
rojo = pygame.Color(255,0,0)
pygame.draw.rect(ventana, rojo, ((50, 50), (150, 100)), 1)
```

7.2 La función polygon

```
polygon(superficie, color, puntos, width=0) -> Rect
```

De acuerdo con el mismo principio que antes, la función *polygon* permite dibujar un polígono. Comenzamos creando la lista de puntos que forman el polígono.

```
puntos = [(200, 200), (250, 300), (300, 325), (400, 350)]
```

Posteriormente, se muestra con un grosor de línea de 1 y un color de línea amarillo.

```
amarillo = pygame.Color(255,255,0)
pygame.draw.polygon( ventana, amarillo, puntos, 1)
```

7.3 La función circle

```
circle(superficie, color, center, radius, width=0) -> Rect
```

La función *circle* permite mostrar un círculo en una superficie determinada. Como argumento definimos su color, las coordenadas de su centro, su radio y el posible grosor de la línea.

En el siguiente ejemplo, mostramos un círculo de centro (200, 200) de radio 100 y cuyo trazo es de color blanco y grosor 1.

```
blanco = (255, 255, 255)
pygame.draw.circle(ventana, blanco, (200, 200), 100, 1)
```

7.4 La función ellipse

```
ellipse(superficie, color, rect, width=0) -> Rect
```

La función *ellipse* permite mostrar una elipse en una superficie determinada. Definimos como argumentos su color, las coordenadas del punto superior izquierdo, el eje menor, el eje mayor y el posible grosor de la línea.

Ejemplo de uso

```
naranja = (255, 165, 0)
xx_izquierdo = 100
yy_arriba = 150
menor_eje = 100
mayor_eje = 200
pygame.draw.ellipse( ventana, naranja, (xx_izquierdo, yy_arriba, mayor_eje,
menor_eje), 1)
```

7.5 La función arc

```
arc(superficie, color, rect, start_angle, stop_angle, width=1) -> Rect
```

Para definir un arco de elipse (o de círculo), definimos de la misma manera que antes las características de la propia elipse, a las que añadimos el ángulo en radianes del inicio y final del arco.

En el siguiente ejemplo se crea un arco entre el ángulo PI/2 radianes y el ángulo PI radianes.

```
cian = (0, 255, 255)
xx_izquierdo = 300
yy_arriba = 25
menor_eje = 150
mayor_eje = 180
pygame.draw.arc( ventana, cian, (xx_izquierda, yy_arriba, mayor_eje,
menor_eje),
PI/2, PI, 1)
```

7.6 La función line

```
line(superficie, color, start_pos, end_pos, width=1) -> Rect
```

La función *line*, que dibuja una línea (un segmento geométrico), recibe como argumento la superficie objetivo, el color de la línea, las coordenadas del punto de inicio y del punto final de la línea.

Ejemplo

```
rojo = pygame.Color(255, 0, 0)
pygame.draw.line(ventana, rojo, (0,0), (400, 400))
```

7.7 La función lines

```
lines(superficie, color, closed, puntos, width=1) -> Rect
```

La función *lines* permite mostrar una línea discontinua. Pasamos como argumento la superficie objetivo, el color, la lista de puntos y el grosor. También pasamos un argumento booleano *closed* que indica si la línea discontinua está cerrada o no. Si está cerrada (*closed = True*), consiste en crear un polígono de otra manera.

Ejemplo de implementación

```
azul = pygame.Color(0, 0, 255)
puntos = [(0, 0), (50, 100), (100, 150), (250, 200), (400, 400)]
pygame.draw.lines( ventana, azul, False, puntos)
```

7.8 Las funciones aaline y aalines

```
aaline(superficie, color, start_pos, end_pos, blend=1) -> Rect
```

```
aalines(superficie, color, closed, puntos, blend=1) -> Rect
```

Estas dos funciones permiten dibujar respectivamente una línea y una línea discontinua de forma antialiased (antialiasing), es decir, evitando el fenómeno visual en escalera que algunas veces aparece al dibujar una línea.

8. El módulo image

El módulo *image* se utiliza para mostrar archivos de tipo image en un juego de Pygame.

8.1 La función load

```
load(filename) -> Surface
```

La función *load* permite cargar un archivo de imagen desde el disco y mostrarlo como una superficie en la ventana de juego.

Ejemplo

```
superficieImagen = pygame.image.load("MiImagen.jpg")
```

Las siguientes extensiones son compatibles con la función *load*:

- JPG
- PNG
- GIF (no animado)
- BMP
- PCX
- TGA (descomprimido)
- TIF
- LBM (y PBM)
- PBM (y PGM, PPM)
- XPM

8.2 La función save

```
save(Surface, filename) -> None
```

La función *save* es la recíproca de la función *load*. Permite guardar una superficie Pygame en un archivo de imagen en el disco.

Ejemplo de uso desde una superficie denominada *IMAGEN*

```
pygame.image.save(IMAGEN, "IMAGEN_ARCHIVO.png")
```

Las siguientes extensiones son compatibles con la función *save*:

- BMP
- TGA
- PNG
- JPEG

8.3 Las funciones tostring, fromstring, frombuffer

```
tostring(Surface, format, flipped=False) -> string
```

```
fromstring(string, size, format, flipped=False) -> Surface
```

```
frombuffer(string, size, format) -> Surface
```

La función *tostring* permite crear un búfer de cadena de caracteres que representa la imagen. La función *fromstring* se utiliza para crear una superficie de tipo imagen a partir de un búfer de cadena de caracteres. La función *frombuffer* permite crear una superficie de tipo imagen a partir de un buffer.

9. El módulo font

El módulo *font* garantiza la gestión del texto en Pygame.

9.1 La función init

```
init() -> None
```

Se supone que no se debe llamar a esta función que inicializa el módulo `font`. De hecho, la llamada obligatoria *pygame.init()* se encarga de llamarla. Por lo tanto, la función se llama automáticamente.

9.2 La función quit

```
quit() -> None
```

Se supone que no debe llamar a esta función, que permite salir del módulo *font*. De hecho, la llamada *pygame.quit()* se encarga de llamarla. Por lo tanto, la función se llama automáticamente.

9.3 La función get_init

```
get_init() -> bool
```

Esta función, que devuelve un booleano, se utiliza para verificar si el módulo *font* está inicializado o no.

9.4 La función get_default_font

```
get_default_font() -> string
```

Esta función *get_default_font* permite saber cuál es el tipo de letra predeterminado.

Ejemplo

```
import pygame
pygame.init()
print(pygame.font.get_default_font())
```

Obtenemos esto en el terminal:

```
freesansbold.ttf
```

9.5 La función get_fonts

```
pygame.font.get_fonts()
```

Esta función se utiliza para obtener una lista de todas las fuentes de caracteres disponibles en la máquina donde se ejecuta el programa.

Ejemplo

```
import pygame
pygame.init()
print(pygame.font.get_fonts())
```

Posteriormente, obtenemos algo comparable a esto en el terminal:

```
['bigcaslonttf', 'silomttf', 'sfnsdisplayblackitalicotf',
'sfnsdisplaything4otf', 'sfnsdisplaycondensedthinotf', 'chalkdusterttf',
'stixsizthreesymregotf', 'timesnewromanttf', 'applebraillepinpoint8dotttf',
'arialitalicttf', 'stixintupregotf', 'sfnssymbolsblackotf',
'sfcompacttextregularotf', 'pingfangttc', 'munattc', 'waseemttc',
'aquakanattc', 'comicsansmsttf', 'optimattc', 'zapfinottf']
```

9.6 La función match_font

```
match_font(name, bold=False, italic=False) -> path
```

Esta función permite obtener la ruta física de una fuente de caracteres, si está presente en la máquina anfitriona.

Ejemplo

```
import pygame
pygame.init()
print(pygame.font.match_font('arialitalicttf'))
```

En el terminal se obtiene el siguiente resultado:

```
/Library/Fonts/Arial Italic.ttf
```

9.7 La función SysFont

```
SysFont(name, size, bold=False, italic=False) -> Font
```

Esta función *SysFont* permite crear instancias de un objeto *Font* (ver aquí debajo), desde una fuente del sistema.

Ejemplo

```
import pygame
pygame.init()
Arial = pygame.font.SysFont('Arial', 17)
print(Arial)
```

Obtenemos esto en el terminal:

```
<pygame.font.Font object at 0x102aded10>
```

9.8 El objeto Font

El objeto *Font* se utiliza para administrar una fuente de caracteres determinada dentro de Pygame. Está equipado con varias funciones.

9.8.1 La función Font

```
Font(filename, size) -> Font
```

Este constructor/inicializador se utiliza para crear instancias del objeto *Font* desde un archivo determinado.

```
import pygame
pygame.init()
Arial = pygame.font.Font('Arial.ttf', 17)
```

9.8.2 La función render

```
render(text, antialias, color, background=None) -> Surface
```

Esta función permite mostrar un texto dado en un color determinado, desde una instancia de fuente de caracteres.

Ejemplo de uso

```
import pygame
pygame.init()
Arial = pygame.font.SysFont('Arial', 17)
blanco = (255, 255, 255)
texto = Arial.render("test de visualización", 1, blanco)
 ventana.blit(texto, (50, 50))
```

9.8.3 La función size

```
size(text) -> (width, height)
```

La función *size* de la clase *Font* se utiliza para evaluar el tamaño que tendrá un texto determinado, antes de su visualización. Así, obtenemos la anchura y altura que serán necesarias.

Ejemplo

```
import pygame
pygame.init()
Arial = pygame.font.SysFont('Arial', 17)
print(Arial.size("test de visualización"))
```

Obtenemos esto en el terminal:

```
(82, 12)
```

9.8.4 La función set_underline

```
set_underline(bool) -> None
```

La función *set_underline* permite activar o desactivar el subrayado de todos los textos relacionados con la instancia actual.

9.8.5 La función get_underline

```
get_underline() -> bool
```

La función *get_underline* permite comprobar si el subrayado está o no en su lugar en la fuente de caracteres actual.

9.8.6 La función set_bold

```
set_bold(bool) -> None
```

La función *set_bold* permite activar o desactivar la negrita de todos los textos relacionados con la instancia actual.

9.8.7 La función get_bold

```
get_bold() -> bool
```

La función *get_bold* permite verificar si la negrita está en su lugar en la fuente de caracteres actual.

9.8.8 La función set_italic

```
set_italic(bool) -> None
```

La función *set_italic* permite activar o desactivar la cursiva de todos los textos relacionados con la instancia actual.

9.8.9 La función get_italic

```
get_italic() -> bool
```

La función *get_italic* permite verificar si la cursiva está en su lugar en la fuente de texto actual.

9.8.10 La función metrics

```
metrics(text) -> list
```

La función *metrics* permite obtener una lista de métricas para cada letra del texto.

Ejemplo

```
import pygame
pygame.init()
Arial = pygame.font.SysFont('Arial', 17)
print(Arial.metrics("Ab"))
```

Obtenemos esto en el terminal:

```
[(0, 8, 0, 8, 8), (0, 7, 0, 8, 7)]
```

10. El módulo mouse

El módulo *mouse* permite gestionar las distintas interacciones relacionadas con el ratón y así trabajar con este dispositivo en Pygame.

10.1 La función get_pressed

```
get_pressed() -> (button1, button2, button3)
```

Esta función devuelve una matriz de booleanos que indica el estado de cada botón del ratón. Si el valor es *True*, se pulsa el botón del ratón correspondiente.

Esta función rara vez se utiliza. Es preferible realizar un análisis de los eventos de la cola de eventos, como se explicó en el capítulo Diseño y grafismo en todos sus estados con Pygame.

En el siguiente ejemplo se utiliza *get_pressed*.

```
import pygame
pygame.display.init()
print(pygame.mouse.get_pressed())
```

El resultado en el terminal es el siguiente:

```
(0, 0, 0)
```

10.2 La función get_pos

```
get_pos() -> (x, y)
```

La función *get_pos* se utiliza para obtener las coordenadas actuales del cursor del ratón.

Ejemplo

```
import pygame
pygame.display.init()
 ventana = pygame.display.set_mode((400, 400))

while True:
 print(pygame.mouse.get_pos())
 for event in pygame.event.get():
   if event.type == pygame.QUIT:
     pygame.quit()
```

A continuación, se muestra una de las líneas que aparece en el terminal:

```
(224, 351)
```

10.3 La función get_rel

```
get_rel() -> (x, y)
```

Esta función permite obtener el desplazamiento relativo desde la última posición conocida.

Por lo tanto, si movemos el ratón 5 píxeles horizontalmente hacia la derecha y 3 píxeles verticalmente hacia arriba, entonces el siguiente ejemplo produce la siguiente salida en el terminal.

```
print(pygame.mouse.get_rel())
```

```
(5, -3)
```

Por lo tanto, *get_pos* indica las coordenadas absolutas del cursor y *get_rel* indica las coordenadas relativas.

10.4 La función set_pos

```
set_pos([x, y]) -> None
```

La función *set_pos* coloca el cursor en las coordenadas especificadas. A continuación, se crea un evento *pygame.MOUSEMOTION* y se añade a la cola de eventos.

10.5 La función set_visible

```
set_visible(bool) -> bool
```

La función *set_visible* permite hacer que el cursor del ratón sea visible o no.

10.6 La función get_visible

```
get_visible() -> bool
```

La función *get_visible* permite saber si el cursor del ratón es visible o no.

10.7 La función get_focused

```
get_focused() -> bool
```

La función *get_focused* permite saber si el cursor está realmente sobre la ventana de juego. En otras palabras, queremos saber si la ventana de juego tiene el foco.

10.8 La función set_cursor

```
set_cursor(size, hotspot, xormasks, andmasks) -> None
```

La función *set_cursor* permite establecer la imagen actual del cursor del ratón.

10.9 La función get_cursor

```
get_cursor() -> (size, hotspot, xormasks, andmasks)
```

La función *get_cursor* permite saber cuál es la imagen actual del cursor del ratón.

11. El módulo ley

El módulo *key* permite administrar las interacciones con el teclado del ordenador.

11.1 Las constantes correspondientes a las teclas del teclado

Cada tecla tiene su código Pygame que permite verificarla en la cola de eventos en particular.

Aquí está la lista casi exhaustiva de estas constantes de Pygame:

```
K_BACKSPACE   \b      backspace
K_TAB         \t      tab
K_CLEAR               clear
K_RETURN      \r      return
K_PAUSE               pause
K_ESCAPE      ^[      escape
K_SPACE               space
K_EXCLAIM     !       exclaim
K_QUOTEDBL    "       quotedbl
K_HASH        #       hash
K_DOLLAR      $       dollar
K_AMPERSAND   &       ampersand
K_QUOTE               quote
K_LEFTPAREN   (       left parenthesis
K_RIGHTPAREN  )       right parenthesis
K_ASTERISK    *       asterisk
K_PLUS        +       plus sign
K_COMMA       ,       comma
K_MINUS       -       minus sign
K_PERIOD      .       period
K_SLASH       /       forward slash
K_0           0       0
K_1           1       1
K_2           2       2
K_3           3       3
K_4           4       4
K_5           5       5
K_6           6       6
K_7           7       7
K_8           8       8
K_9           9       9
K_COLON       :       colon
K_SEMICOLON   ;       semicolon
K_LESS        <       less-than sign
K_EQUALS      =       equals sign
K_GREATER     >       greater-than sign
K_QUESTION    ?       question mark
```

```
K_AT           @       at
K_LEFTBRACKET  [       left bracket
K_BACKSLASH    \       backslash
K_RIGHTBRACKET ]       right bracket
K_CARET        ^       caret
K_UNDERSCORE   _       underscore
K_BACKQUOTE    `       grave
K_a            a       a
K_b            b       b
K_c            c       c
K_d            d       d
K_e            e       e
K_f            f       f
K_g            g       g
K_h            h       h
K_i            i       i
K_j            j       j
K_k            k       k
K_l            l       l
K_m            m       m
K_n            n       n
K_o            o       o
K_p            p       p
K_q            q       q
K_r            r       r
K_s            s       s
K_t            t       t
K_u            u       u
K_v            v       v
K_w            w       w
K_x            x       x
K_y            y       y
K_z            z       z
K_DELETE               delete
K_KP0                  keypad 0
K_KP1                  keypad 1
K_KP2                  keypad 2
K_KP3                  keypad 3
K_KP4                  keypad 4
K_KP5                  keypad 5
K_KP6                  keypad 6
K_KP7                  keypad 7
K_KP8                  keypad 8
K_KP9                  keypad 9
K_KP_PERIOD    .       keypad period
K_KP_DIVIDE    /       keypad divide
K_KP_MULTIPLY  *       keypad multiply
K_KP_MINUS     -       keypad minus
K_KP_PLUS      +       keypad plus
K_KP_ENTER     \r      keypad enter
K_KP_EQUALS    =       keypad equals
K_UP                   up arrow
K_DOWN                 down arrow
K_RIGHT                right arrow
K_LEFT                 left arrow
K_INSERT               insert
K_HOME                 home
K_END                  end
K_PAGEUP               page up
K_PAGEDOWN             page down
```

```
K_F1                    F1
K_F2                    F2
K_F3                    F3
K_F4                    F4
K_F5                    F5
K_F6                    F6
K_F7                    F7
K_F8                    F8
K_F9                    F9
K_F10                   F10
K_F11                   F11
K_F12                   F12
K_F13                   F13
K_F14                   F14
K_F15                   F15
K_NUMLOCK               numlock
K_CAPSLOCK              capslock
K_SCROLLOCK             scrollock
K_RSHIFT                right shift
K_LSHIFT                left shift
K_RCTRL                 right control
K_LCTRL                 left control
K_RALT                  right alt
K_LALT                  left alt
K_RMETA                 right meta
K_LMETA                 left meta
K_LSUPER                left Windows key
K_RSUPER                right Windows key
K_MODE                  mode shift
K_HELP                  help
K_PRINT                 print screen
K_SYSREQ                sysrq
K_BREAK                 break
K_MENU                  menu
K_POWER                 power
K_EURO                  Euro
```

11.2 La función get_focused

```
get_focused() -> bool
```

La función *get_focused* devuelve *True* si el cursor del ratón está dentro del perímetro de la ventana de juego. Es decir, si la ventana de juego tiene el "foco".

11.3 La función pressed

```
get_pressed() -> bools
```

La función *get_pressed* devuelve una lista de booleanos. Cada booleano se corresponde con una tecla del teclado. El valor es *True* si se pulsa la tecla asociada y *False* en caso contrario.

11.4 La función set_repeat

```
set_repeat(delay, interval) -> None
```

Esta función permite activar la repetición de teclas. De esta manera, cuando una tecla permanece pulsada, genera varios eventos de tipo *pygame.KEYDOWN*, y no solo uno (como cuando la función no está habilitada). El primer argumento *delay* se corresponde con la duración antes de que se emita el primer evento *pygame.KEYDOWN* y el segundo argumento *Interval*, se corresponde con el intervalo entre la emisión de dos eventos *pygame.KEYDOWN*.

De forma predeterminada, cuando se inicializa Pygame, la función está deshabilitada.

11.5 La función get_repeat

```
get_repeat() -> (delay, interval)
```

La función *get_repeat* permite saber si la funcionalidad de pulsación de teclas está habilitada o no. Si está habilitada, se obtienen los valores *delay* e *interval*. De lo contrario, devuelve *None*.

11.6 La función name

```
name(key) -> string
```

La función *name* permite obtener el nombre de la tecla cuando se le pasa como argumento el código de la tecla. Esto permite, entre otras cosas, mejorar la legibilidad del código y los trazados creados con *print*.

12. El módulo transform

El módulo *transform* permite crear superficies Pygame nuevas aplicando a una superficie original una o más transformaciones, isométricas o no.

12.1 La función flip

```
flip(Surface, xbool, ybool) -> Surface
```

La función *flip* permite la simetría axial, vertical u horizontal o ambas. Recibe como argumento la superficie que vamos a transformar, un booleano que indica que procedemos a una simetría según el eje vertical y un booleano que indica que procedemos a una simetría a lo largo del eje horizontal. Si los dos booleanos son *True*, entonces procedemos a ambas simetrías.

12.2 La función scale

```
scale(Surface, (width, height), DestSurface = None) -> Surface
```

La función *scale* permite redimensionar una superficie. La altura y la anchura de la superficie objetivo se pasan como argumento.

12.3 La función rotate

```
rotate(Surface, angle) -> Surface
```

La función *rotate* permite rotar la superficie. El ángulo que se pasa como argumento se expresa en sentido hacia la izquierda, en grados y no en radianes, como es el caso con otras funciones de Pygame (el dibujo de arcos de elipse en particular).

12.4 La función rotozoom

```
rotozoom(Surface, angle, scale) -> Surface
scale2x(Surface, DestSurface = None) -> Surface
```

La función *rotozoom* permite combinar rotación y homotecia. Esto puede ser particularmente útil para simular el lanzamiento de un objeto, desde el punto de vista del observador. Además de la superficie de origen, la función recibe como argumento el ángulo en grados orientado en sentido hacia la izquierda y el factor homotético.

Por lo tanto, la siguiente línea transforma la superficie *superficie0* combinando una rotación de ángulo -30 grados, es decir, 30 grados en el sentido hacia la derecha y una homotecia de factor 2 o un aumento de 2 de la superficie.

```
rotozoom(superficie0, -30, 2)
```

12.5 La función scale2x

```
scale2x(Surface, DestSurface = None) -> Surface
```

La función *scale2x* opera una homotecia de factor 2. Por lo tanto, una duplicación de las dos dimensiones. Como tal, este es un caso especial de la función *scale*.

12.6 La función chop

```
chop(Surface, rect) -> Surface
```

La función *chop* consiste en definir un rectángulo interior *rect*. La función empieza eliminando el contenido correspondiente al rectángulo que se pasa como argumento. Posteriormente, reconstruye la superficie para que no haya "blanco". De hecho, no es una extrusión, sino que consiste en eliminar una parte interna y posteriormente reconstruir la superficie con el contorno preservado.

Por lo tanto, el siguiente código proporciona la siguiente captura de pantalla.

```
logo = pygame.image.load("logo_ENI.png").convert()
PANTALLA.blit(logo, (50, 50))

logoEnd = pygame.transform.chop(logo, (10,10,32,10))
PANTALLA.blit(logoEnd, (50, 150))
```

Captura de pantalla del uso de la función chop

12.7 La función laplacian

```
laplacian(Surface, DestSurface = None) -> Surface
average_surfaces(Surfaces, DestSurface = None, palette_colors = 1) -> Surface
```

El algoritmo del laplaciano identifica los contornos principales de una imagen. Aquí se utilizan para construir una superficie objetivo que incluye solo los contornos principales.

Por ejemplo, el siguiente código proporciona la siguiente captura de pantalla.

```
logo = pygame.image.load("logo_ENI.png").convert()
PANTALLA.blit(logo, (50, 50))

logoEnd = pygame.transform.laplacian(logo)
PANTALLA.blit(logoEnd, (50, 150))
```

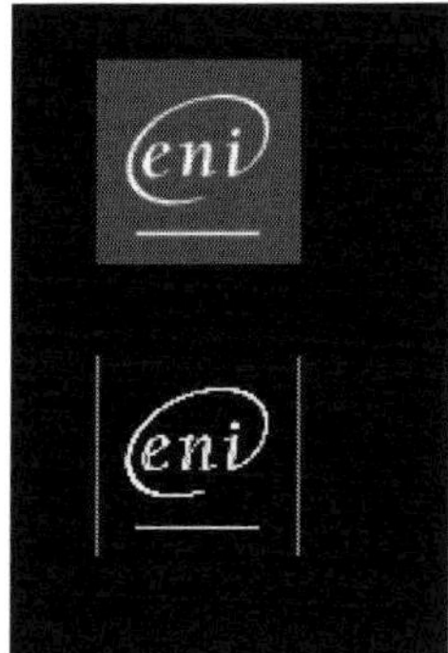

Captura de pantalla del uso de la función laplacian

12.8 La función average_surfaces

```
average_surfaces(Surfaces, DestSurface = None, palette_colors = 1) -> Surface
```

La función *average_surfaces* recibe una colección de superficies como argumento y dibuja una superficie con los valores medios de los colores de las superficies como entrada. Los valores medios se pueden calcular a partir de los colores de la paleta de colores o, por el contrario, basarse solo en los colores presentes en la colección de superficies. Esa es la función del argumento booleano *palette_colors*.

12.9 La función average_color

```
average_color(Surface, Rect = None) -> Color
```

La función *average_color* no devuelve una superficie, sino un color: el color medio de la superficie que se pasa como argumento. Puede ser útil para determinar un color "medio" de una superficie dada y así usarlo más adelante.

El siguiente código da el siguiente resultado en el terminal.

```
logo = pygame.image.load("logo_ENI.png").convert()
PANTALLA.blit(logo, (50, 50))

color = pygame.transform.average_color(logo)
print(color)
```

```
(36, 86, 133, 0)
```

13. El módulo mixer

El módulo *mixer* permite administrar el sonido en un juego de Pygame, ya sea el aspecto de sonido de fondo o los efectos de sonido.

13.1 La función init

```
init(frequency=22050, size=-16, channels=2, buffer=4096, devicename=None,
allowedchanges=AUDIO_ALLOW_FREQUENCY_CHANGE | AUDIO_ALLOW_CHANNELS_CHANGE) -> None
```

La función *init* se utiliza para inicializar el módulo `mixer`. Es necesaria para poder utilizar el módulo.

```
pygame.mixer.init()
```

13.2 La función quit

```
quit() -> None
```

Esta función termina con el uso del módulo *mixer*. Si se están reproduciendo sonidos cuando se llama a la función, estos se interrumpen.

```
pygame.mixer.quit()
```

13.3 La función get_init

```
get_init() -> (frequency, format, channels)
```

La función *get_init* permite saber si el módulo está correctamente inicializado. Si es así, la función devuelve una cierta cantidad de información. De lo contrario, devuelve *None*.

```
import pygame
pygame.init()
pygame.mixer.init()
print(pygame.mixer.get_init())
```

Posteriormente, obtenemos esto en el terminal:

```
(22050, -16, 2)
```

13.4 El objeto Sound

El objeto *Sound* se utiliza para crear un objeto sonido.

13.4.1 Los constructores de Sound

```
Sound(filename) -> Sound
Sound(file=filename) -> Sound
Sound(buffer) -> Sound
Sound(buffer=buffer) -> Sound
Sound(object) -> Sound
Sound(file=object) -> Sound
Sound(array=object) -> Sound
```

Los constructores disponibles permiten crear un objeto *Sound* a partir de un archivo de sonido o de un búfer.

13.4.2 La función play

```
play(loops=0, maxtime=0, fade_ms=0) -> Channel
```

Podemos especificar si queremos que el sonido se repita en bucle y, si es así, cuántas veces e incluso indicar un efecto "fade-in" y su duración.

Ejemplo de uso simple

```
import pygame
pygame.init()
pygame.mixer.init()
sonido = pygame.mixer.Sound("sonido.ogg")
sonido.play()
```

El valor devuelto es el canal predeterminado. De hecho, Pygame teóricamente tiene ocho canales disponibles para transmitir sonido. Si no se especifica, Pygame encuentra un canal no utilizado. Sin embargo, esto se puede indicar explícitamente, lo que es particularmente útil cuando desea reproducir varios sonidos simultáneamente.

13.4.3 La función stop

```
stop() -> None
```

Podemos detener la reproducción de sonido.

Ejemplo

```
sonido.stop()
```

13.4.4 La función fadeout

```
fadeout(tiempo) -> None
```

La función *fadeout* interrumpe la reproducción del sonido añadiendo al final de la reproducción un efecto de "desvanecimiento", con una duración que se especificará como argumento.

13.4.5 La función set_volume

```
set_volume(value) -> None
```

La función *set_volume* permite ajustar el volumen del sonido. El volumen está comprendido entre 0.0 y 1.0.

13.4.6 La función get_volume

```
get_volume() -> value
```

La función *get_volume* devuelve el volumen actual comprendido entre 0.0 y 1.0.

13.4.7 La función get_num_channels

```
get_num_channels() -> count
```

La función *get_num_channels* permite conocer el número de canales activos.

Ejemplo

```
import pygame
pygame.init()
pygame.mixer.init()
sonido = pygame.mixer.Sound("gallo.ogg")
sonido.set_volume(0.25)
sonido.play()
print(sonido.get_num_channels())

while True:
 event = pygame.event.wait()
 if event.type == pygame.QUIT:
   break

pygame.quit()
```

Obtenemos esto en el terminal (solo hay un canal activo):

```
1
```

13.4.8 La función get_length

```
get_length() -> seconds
```

La función *get_length* se utiliza para obtener la duración en segundos del sonido.

Ejemplo

```
import pygame
pygame.init()
pygame.mixer.init()
sonido = pygame.mixer.Sound("gallo.ogg")
print(sonido.get_length())
```

Tenemos esto en el terminal. De hecho, el archivo gallo.ogg dura aproximadamente 2 segundos y medio.

```
2.4032652378082275
```

13.4.9 La función get_raw

```
get_raw() -> bytes
```

La función *get_raw* se utiliza para obtener el sonido relacionado con la instancia actual en forma de búfer de bytes.

13.5 El objeto Channel

Un objeto *Channel* tiene una cola donde se pueden almacenar sonidos (*Sound*). Así, podemos clasificar los sonidos por temática y utilizarlos deliberadamente, implantando una cierta estructura en la gestión de los sonidos.

13.5.1 El constructor de Channel

```
Channel(id) -> Channel
```

Por lo tanto, podemos instanciar un objeto *Channel* (canal en español) pasándole un identificador de canal.

Por ejemplo, aquí creamos un canal.

```
canal = pygame.mixer.Channel(4)
```

13.5.2 La función queue

```
queue(Sound) -> None
```

Esta función permite agregar un sonido al canal actual.

Por ejemplo, agregamos un sonido a la cola del canal.

```
import pygame
pygame.init()
pygame.mixer.init()
sonido = pygame.mixer.Sound("gallo.ogg")

canal = pygame.mixer.Channel(4)
canal.queue(sonido)
```

13.5.3 La función set_volume

```
set_volume(value) -> None
```

La función *set_volume* permite fijar el volumen de los sonidos del canal. El volumen está comprendido entre 0.0 y 1.0.

13.5.4 La función get_volume

```
get_volume() -valor >
```

Esta función se utiliza para obtener el volumen del canal.

13.5.5 Las funciones play, stop, pause, etc.

```
play(Sound, loops= 0, maxtime = 0, fade_ms=0) -> None
```

```
stop() -> None
```

```
unpause() -> None
```

Estas funciones se aplican al propio canal.

Ejemplo

```
import pygame
pygame.init()
pygame.mixer.init()
sonido = pygame.mixer.Sound("gallo.ogg")

canal = pygame.mixer.Channel(4)
canal.queue(sonido)

canal.set_volume(1.0)
canal.play(sonido)

while True:
 event = pygame.event.wait()
```

```
  if event.type == pygame.QUIT:
    break

pygame.quit()
```

13.6 Las funciones get_num_channels, set_num_channels y find_channel

```
set_num_channels(count) -> None
```

```
get_num_channels() -> count
```

```
find_channel(force=False) -> Channel
```

Estas funciones se aplican directamente al objeto *Mixer* y permiten obtener información de los canales.

14. El módulo music

Este módulo *mixer.music* se utiliza para "transmitir" el sonido de fondo y, de manera más general, para administrar el fondo de sonido. Por lo tanto, la clase *Sound* del módulo *mixer* se usa más bien para efectos de sonido, mientras que el módulo *music* está más bien dedicado al fondo de sonido.

14.1 La función load

```
load(filename) -> None
```

La función *load* permite cargar un archivo de sonido para reproducirlo como fondo de sonido.

14.2 La función unload

```
unload() -> None
```

La función *unload* se utiliza para descargar el archivo de sonido actual que se había cargado previamente.

14.3 La función play

```
play(loops=0, start=0.0) -> None
```

La función *play* permite reproducir el archivo de sonido previamente cargado. Podemos indicar cuántas veces queremos leerlo en bucle. Además, es posible no empezar desde el principio del archivo, sino indicar una posición en el archivo desde la que se inicia la reproducción.

En el siguiente ejemplo, el archivo se lee cinco veces seguidas.

```
import pygame
pygame.init()
pygame.mixer.init()

fondo = pygame.mixer.music.load("gallo.ogg")
pygame.mixer.music.play(5, 0.0)

while True:
 event = pygame.event.wait()
 if event.type == pygame.QUIT:
   break

pygame.quit()
```

14.4 La función rewind

```
rewind() -> None
```

La función *rewind* permite devolver el archivo de sonido a su inicio.

14.5 La función stop

```
stop() -> None
```

La función *stop* detiene la transmisión del sonido actual.

14.6 La función pause

```
pause() -> None
```

La función *pause* pausa la difusión del sonido actual.

14.7 La función unpause

```
unpause() -> None
```

La función *unpause* interrumpe la pausa de la difusión del sonido actual.

14.8 La función fadeout

```
fadeout(tiempo) -> None
```

La función *fadeout* detiene la emisión de sonido, con un efecto de desvanecimiento al final de la difusión. Se define la duración de este efecto.

14.9 La función set_volume

```
set_volume(value) -> None
```

La función *set_volume* establece el volumen comprendido entre 0.0 y 1.0.

14.10 La función get_volume

```
get_volume() -> value
```

La función *get_volume* devuelve el volumen actual comprendido entre 0.0 y 1.0.

14.11 La función set_pos

```
set_pos(pos) -> None
```

La función *set_pos* define la posición en el archivo de sonido a partir de la que se reproducirá.

14.12 La función get_pos

```
get_pos() -> time
```

La función *get_pos* obtiene la posición actual del archivo de sonido que se está escuchando.

14.13 La función queue

```
queue(filename) -> None
```

Esta función permite poner en una cola varios archivos de audio.

15. El módulo sprite

El módulo *sprite* permite administrar el uso de los sprites en un programa Pygame. Esta noción se discute ampliamente en los capítulos Sprites con Pygame y Llegar más lejos con el módulo Sprite, ejemplos aplicados.

Este módulo incluye varias clases, especialmente las clases *Sprite* y *Group*, que es un objeto que puede mantener una colección de objetos *sprite*.

15.1 La clase Sprite

15.1.1 La función update

```
update(*args) -> None
```

Una vez creada la instancia de *Sprite* (normalmente una instancia de una clase heredada de la clase *Sprite*), la función *update* permite actualizar automáticamente las características del sprite actual.

15.1.2 La función add

```
add(*groups) -> None
```

La función *add* permite agregar la instancia actual de *Sprite* a uno o más grupos.

15.1.3 La función remove

```
remove(*groups) -> None
```

La función *remove* permite eliminar la instancia actual de *Sprite* de uno o más grupos.

15.1.4 La función kill

```
kill() -> None
```

La función *kill* solo es un destructor. Su llamada permite destruir la instancia actual de *Sprite*.

15.1.5 La función alive

```
alive() -> bool
```

La función *alive* devuelve *True* si la instancia actual de *Sprite* pertenece al menos a un grupo.

15.1.6 La función groups

```
groups() -> group_list
```

La función *groups* se utiliza para obtener una lista con todos los grupos a los que pertenece la instancia actual de *Sprite*.

15.2 La clase Group

La clase *Group* permite crear listas de sprites según diferentes criterios.

15.2.1 La función sprites

```
sprites() -> sprite_list
```

La función *sprites* se utiliza para obtener una lista de los sprites que componen la instancia de *Group*.

15.2.2 La función copy

```
copy() -> Group
```

La función *copy* permite crear una copia de la instancia actual de *Group*. Es lo que se llama constructor mediante copia.

15.2.3 La función add

```
add(*sprites) -> None
```

La función *add* permite añadir uno o más sprites a la instancia actual de *Group*.

15.2.4 La función remove

```
remove(*sprites) -> None
```

La función *remove* permite quitar uno o más sprites de la instancia actual de *Group*.

15.2.5 La función has

```
has(*sprites) -> None
```

La función *has* recibe un número de sprites determinado como argumento. Devuelve *True* si están incluidos en la instancia de *Group* actual.

15.2.6 La función update

```
update(*args) -> None
```

Cuando se llama a la función *update*, esta última realiza una llamada a cada función *update* de los sprites que la componen.

15.2.7 La función draw

```
draw(Surface) -> None
```

La función *draw* dibuja los sprites que la componen en la superficie que se pasa como argumento de la función.

15.2.8 La función clear

```
clear(Surface_dest, background) -> None
```

Esta función *clear* permite eliminar los sprites dibujados durante la última llamada a *draw*. Por lo tanto, se utiliza para borrar los sprites previamente dibujados.

15.2.9 La función empty

```
empty() -> None
```

La función *empty* permite vaciar completamente la instancia actual de *Group*.

15.3 Las principales funciones del módulo

15.3.1 La función spritecollide

```
spritecollide(sprite, group, dokill, collided = None) -> Sprite_list
```

La función *spritecollide* se utiliza para probar la colisión entre un *sprite* y los *sprites* procedentes de *group*. Si *dokill* es igual a *True*, entonces los sprites implicados se destruyen (llamada a la función *kill*). El argumento *collided* se utiliza para definir una función llamada "callback" (una función a la que se llamará posteriormente). La función *spritecollide* devuelve la lista de los sprites de *group* que han estado implicados en la colisión.

15.3.2 La función collide_rect

```
collide_rect(left, right) -> bool
```

La función *collide_rect* permite comprobar la colisión entre dos sprites. Si es así, devuelve el valor booleano *True*.

15.3.3 La función collide_circle

```
collide_circle(left, right) -> bool
```

La función *collide_circle* se utiliza para comprobar la posible colisión entre dos sprites circulares.

15.3.4 La función collide_mask

```
collide_mask(SpriteLeft, SpriteRight) -> punto
```

Esta función *collide_mask* permite comprobar la posible colisión entre dos sprites. Si hay una colisión, la función devuelve el punto geométrico de la misma. De lo contrario, devuelve *None*.

15.3.5 La función groupcollide

```
groupcollide(group1, group2, dokill1, dokill2, collided = None) -> Sprite_dict
```

La función *groupcollide* se utiliza para comprobar la colisión entre dos instancias de *Group*. Es decir, probamos la colisión entre dos colecciones distintas de sprites. La función devuelve un diccionario de los sprites implicados en la colisión.

15.3.6 La función spritecollideany

```
spritecollideany(sprite, group, collided = None) -> Sprite
```

La función *spritecollideany* comprueba la posible colisión entre una instancia de *Sprite* y una instancia de *Group*. Si hay una colisión, la función devuelve solo el sprite que proviene del group y que es golpeado (posiblemente en primer lugar). Si no hay ninguna colisión, la función devuelve *None*.

Capítulo 11

Módulos secundarios de Pygame

1. Introducción

Este capítulo explica los módulos de Pygame menos utilizados, que se pueden considerar como secundarios. Sin embargo, es posible que sus desarrollos de videojuegos hagan que tenga que manipularlos. Este capítulo servirá como una documentación muy detallada.

Los módulos u objetos detallados aquí son:

1. *cursors*
2. *joystick*
3. *touch*
4. *math*
5. *surfarray*
6. *camera*

Al igual que en el capítulo anterior, se utiliza la siguiente notación. Esto significa que la llamada a la función *Ejemplo1* que recibe como argumento *a* y *b* devuelve un *int*:

```
Ejemplo1(a, b) -> int
```

Otro ejemplo, la función *Ejemplo 2* que recibe los argumentos *i*, *j* y *k* devuelve un objeto de tipo *Color*:

```
Ejemplo2( i, j, k) -> Color
```

2. El módulo cursors

El módulo *cursors* permite administrar el cursor. Un cursor es el marcador gráfico que se muestra en la pantalla y se corresponde con la "ubicación" actual del ratón. Vimos en el capítulo Principales módulos de Pygame cómo el módulo *mouse* permite controlar la posición del cursor, pero es el módulo *cursors* el que permite elegir la apariencia del cursor, que puede ser una representación diferente a la predeterminada.

Las diferentes representaciones del cursor se almacenan en un formato gráfico de mapa de bits (bitmap) que el módulo puede cargar. Una vez definida la apariencia de un cursor, se puede utilizar desde el módulo *mouse*. Para fijar esta nueva apariencia de cursor, usamos la función *set_cursor* del módulo *mouse*, de la siguiente manera:

```
pygame.mouse.set_cursor(*pygame.cursors.arrow)
```

También debe tener en cuenta que el módulo define varios cursores y se pueden utilizar inmediatamente desde el principio.

Por último, tenga en cuenta que Pygame sólo permite una apariencia de cursor en blanco y negro (monocromo).

2.1 Los cursores predefinidos del módulo

Los siguientes cursores están disponibles y se pueden utilizar inmediatamente. Es decir, se pueden usar desde el primer momento con *set_cursor* del módulo *mouse*.

```
pygame.cursors.arrow

pygame.cursors.diamond

pygame.cursors.broken_x

pygame.cursors.tri_left

pygame.cursors.tri_right
```

Las siguientes cadenas de caracteres correspondientes a las diferentes representaciones del cursor también están disponibles, pero es necesario que primero se ejecute la función *compile* del módulo *cursors*. Esta función es capaz de convertirlas en apariencia de cursor, es decir, en un formato de mapa de bits.

```
pygame.cursors.thickarrow_strings

pygame.cursors.sizer_x_strings

pygame.cursors.sizer_y_strings

pygame.cursors.sizer_xy_strings
```

2.2 La función compile

```
compile(strings, black='X', white='.', xor='o') -> data, mask
```

El propósito de esta función es convertir una cadena de caracteres en un formato bitmap de cursor. Este último se puede utilizar inmediatamente mediante la función *set_cursor* del módulo *mouse*.

Puede definir sus propias cadenas de caracteres que, una vez compiladas, se convertirán en bitmaps de cursores.

Ejemplo de un cursor thickarrow de 24 x 24 píxeles de tamaño

```
thickarrow_strings = (
 "XX                      ",
 "XXX                     ",
 "XXXX                    ",
 "XX.XX                   ",
 "XX..XX                  ",
 "XX...XX                 ",
 "XX....XX                ",
 "XX.....XX               ",
 "XX......XX              ",
 "XX.......XX             ",
 "XX........XX            ",
 "XX........XXX           ",
 "XX......XXXXX           ",
 "XX.XXX..XX              ",
 "XXXX XX..XX             ",
 "XX   XX..XX             ",
 "     XX..XX             ",
 "      XX..XX            ",
 "      XX..XX            ",
 "       XXXX             ",
 "       XX               ",
 "                        ",
 "                        ",
 "                        ")
```

Sin embargo, se debe respetar la siguiente regla: el cursor definido por la cadena de caracteres debe tener una anchura de 8 píxeles o una anchura divisible por 8.

2.3 La función load_xbm

```
load_xbm(cursorfile) -> cursor_args
```

Esta función permite cargar archivos externos en formato XBM (X BitMap) de definición de cursor. Una vez cargados, se pueden usar inmediatamente llamando a *set_cursor*. Las imágenes definidas en formato XBM son necesariamente monocromáticas (en blanco y negro).

3. El módulo joystick

El módulo *joystick* se utiliza para administrar los periféricos de juego de tipo joystick, incluso cuando incluyen bolas de control y diferentes controles. Todos los ejemplos del libro implican el uso del teclado y el ratón. Aquí vamos a ver cómo puede manejar un joystick con Pygame.

Este módulo incluye un objeto *Joystick* cuya instancia se corresponde con un joystick determinado. Comenzamos estudiando las funciones del módulo antes de estudiar este objeto *Joystick*.

3.1 La función init

```
init() -> None
```

La función *init* se utiliza para inicializar el módulo. Como sucede a menudo, la función de inicialización de *Pygame pygame.init()* la llama automáticamente.

3.2 La función quit

```
quit() -> None
```

La función *quit* es la función recíproca de la función *init*. Se utiliza para indicar que se deja de usar el módulo *joystick*.

3.3 La función get_init

```
get_init() -> bool
```

La función *get_init* se utiliza para saber si se ha llamado realmente o no a la función *init* del módulo. Devuelve un booleano y, por lo tanto, el valor *True* si se ha llamado a la función.

3.4 La función get_count

```
get_count() -> count
```

La función *get_count* permite obtener el número de joysticks conectados al puesto informático actual, en cualquier caso los periféricos reconocidos como tales. Para cada uno de los joysticks, podemos decidir administrarlos y usarlos en el videojuego Pygame. Para cada joystick que usamos en el juego, instanciamos un objeto *Joystick* dedicado.

3.5 La clase Joystick

3.5.1 La función Joystick

```
Joystick(id) -> Joystick
```

Es el constructor de esta clase. Se detalla aquí porque tiene la particularidad de recibir como argumento un entero que identifica el joystick asociado. Este entero puede ser cualquiera, siempre y cuando no sea mayor que el número de joysticks de juego conectados al puesto informático.

Así, podemos tener este tipo de código:

```
for i in range(joystick_count):

 joystick = pygame.joystick.Joystick(i)
 joystick.init()
```

3.5.2 La función init

```
init() -> None
```

Esta es la función habitual para inicializar la instancia de `Joystick`.

3.5.3 La función quit

```
quit() -> None
```

Esta es la función que puede detener el uso de una instancia de `Joystick`.

3.5.4 La función get_init

```
get_init() -> bool
```

La función *get_init* se utiliza para averiguar si se ha llamado realmente a la función *init* de la instancia o no. Devuelve un booleano y, por lo tanto, el valor *True* si este es el caso.

3.5.5 La función get_id

```
get_id() -> int
```

La función *get_id* se utiliza para obtener el identificador de la instancia actual de *Joystick* tal y como se definió durante la instanciación.

3.5.6 La función get_name

```
get_name() -> string
```

Aquí está la primera función de la clase que realmente se puede considerar capaz de devolver información del sistema. En este caso, devuelve el nombre del modelo de joystick.

3.5.7 La función get_numaxes

```
get_numaxes() -> int
```

Esta función se utiliza para obtener el número de ejes del joystick. Lo más habitual es que el número de ejes sea dos, pero también pueden ser tres cuando la torsión del mando permita la aparición de un tercer eje.

3.5.8 La función get_axis

```
get_axis(axis_number) -> float
```

La función *get_axis* se utiliza para obtener la posición actual de un eje dado.

El siguiente código muestra el valor correspondiente a la posición de cada eje de los joysticks.

```
for i in range(joystick_count):
 joystick = pygame.joystick.Joystick(i)
 joystick.init()

 name = joystick.get_name()
 axes = joystick.get_numaxes()

 for j in range(axes):
   axis = joystick.get_axis(i)
   print(axis)
```

3.5.9 La función get_numballs

```
get_numballs() -> int
```

La función *get_numballs* permite obtener el número de trackballs (bolas de control) del joystick.

3.5.10 La función get_ball

```
get_ball(ball_number) -> x, y
```

La función *get_ball* se utiliza para obtener la posición actual de una bola de control.

3.5.11 La función get_numbuttons

```
get_numbuttons() -> int
```

La función *get_numbuttons* permite obtener el número de botones del joystick actual.

Un botón de joystick genera dos eventos: cuando se presiona y cuando la persona que juega lo libera.

```
pygame.JOYBUTTONDOWN
pygame.JOYBUTTONUP
```

3.5.12 La función get_button

```
get_button(botón) -> bool
```

La función *get_button* devuelve un booleano correspondiente al estado actual de un botón determinado.

3.5.13 La función get_numhats

```
get_numhats() -> int
```

La función *get_numhats* permite obtener el número de controles de tipo hat del joystick. Este tipo de control es como un mini-joystick colocado en el joystick.

Cada vez que se cambia la posición de un control de este tipo, se genera el siguiente evento:

```
pygame.JOYHATMOTION
```

3.5.14 La función get_hat

```
get_hat(hat_number) -> x, y
```

La función *get_hat* permite obtener la posición de un control determinado de tipo hat del joystick actual.

4. El módulo touch

Este módulo requiere SDL2 de manera obligatoria y se utiliza para gestionar dispositivos táctiles.

4.1 La función get_num_devices

```
get_num_devices() -> int
```

Esta función permite obtener el número de periféricos táctiles realmente disponibles.

4.2 La función get_device

```
get_device(index) -> touchid
```

Esta función permite obtener el identificador de un periférico táctil pasando como argumento el *index* de este periférico en la colección. Por lo tanto, el *index* debe ser al menos 0 y menor que el número de periféricos táctiles.

4.3 La función get_num_fingers

```
get_num_fingers(touchid) -> int
```

La función *get_num_fingers* permite obtener el número de dedos activos en un periférico táctil determinado.

4.4 La función get_finger

```
get_finger(touchid, index) -> dict
```

La función *get_finger* recibe como argumento el *touchid* de uno de los periféricos táctiles y el *index* de uno de los dedos activos en este periférico. A cambio, obtenemos un diccionario que incluye los siguientes valores:

- el identificador *id* del dedo,
- la coordenada *x* de la posición del dedo,
- la coordenada *y* de la posición del dedo,
- la presión de la pulsación del dedo.

5. El módulo math

Este módulo permite hacer cálculo vectorial dentro de Pygame. Permite la definición de vectores en dos o tres dimensiones. A continuación, se pueden aplicar varias operaciones a estos vectores.

Hay dos clases en este módulo: *Vector2* (vector en dos dimensiones) y *Vector3* (vector en tres dimensiones).

5.1 La clase Vector2 - Creación de vector

```
Vector2() -> Vector2

Vector2(int) -> Vector2

Vector2(float) -> Vector2

Vector2(Vector2) -> Vector2

Vector2(x, y) -> Vector2

Vector2((x, y)) -> Vector2
```

Los prototipos anteriores crean un vector en dos dimensiones.

Aquí hay un pequeño ejemplo:

```
vec = pygame.math.Vector2(150,180)
print(vec.x)
print(vec.y)
```

5.2 La clase Vector3 - Creación de vector

```
Vector3() -> Vector3

Vector3(int) -> Vector3

Vector3(float) -> Vector3

Vector3(Vector3) -> Vector3

Vector3(x, y, z) -> Vector3

Vector3((x, y, z)) -> Vector3
```

Los prototipos anteriores permiten crear un vector en tres dimensiones.

Ejemplo

```
vec = pygame.math.Vector3(150,180, 210)
print(vec.x)
print(vec.y)
print(vec.z)
```

5.3 Las principales funciones de Vector2 y Vector3

Todas las funciones de *Vector2* tienen sus equivalentes en *Vector3*. Por lo tanto, detallaremos las funciones principales de *Vector2*, sabiendo que las funciones correspondientes existen en la clase que gestiona las tres dimensiones.

5.3.1 La función dot

```
dot(Vector2) -> float
```

La función *dot* permite calcular un producto escalar entre dos vectores.

Ejemplo

```
vecA = pygame.math.Vector3(1, 2)
vecB = pygame.math.Vector3(3, 4)
dotAB = vecA.dot(vecB)
print(dotAB)
```

5.3.2 La función length

```
length() -> float
```

Esta función *length* permite calcular la norma euclidiana del vector, es decir, implementa la siguiente fórmula: la raíz cuadrada de la suma de cada componente del vector, cada uno elevado al cuadrado.

5.3.3 La función normalize

```
normalize() -> Vector2
```

Esta función *normalize* se utiliza para normalizar el vector. Es decir, calculamos el vector colineal, de la misma dirección y de norma 1.

5.3.4 La función reflect

```
reflect(Vector2) -> Vector2
```

La función *reflect* permite obtener un vector normalizado ortogonal al plano formado por los dos vectores implicados.

5.3.5 La función distance_to

```
distance_to(Vector2) -> float
```

Esta función *distance_to* permite calcular la distancia euclidiana entre dos vectores.

5.3.6 La función rotate

```
rotate(angle) -> Vector2
```

Esta función *rotate* permite realizar una rotación en el vector actual, de un ángulo expresado en grados.

5.3.7 La función rotate_rad

```
rotate_rad(angle) -> Vector2
```

Esta función *rotate_rad* permite realizar una rotación sobre el vector actual de un ángulo expresado en radianes.

6. El módulo surfarray

Algunas veces, puede ser interesante guardar las superficies Pygame o, al menos, almacenarlas en forma de tablas. Es la función del módulo `surfarray`, que permite la conversión de una superficie en una tabla de píxeles.

6.1 La función array2d

```
array2d(Surface) -> array
```

Esta función *array2d* permite convertir una superficie de Pygame en una tabla de píxeles.

Ejemplo

```
superficie = pygame.image.load("imagen.png").convert()
tabla = pygame.surfarray.array2d(superficie)
```

6.2 La función pixels_red

```
pixels_red (Surface) -> array
```

Esta función crea una tabla que hace referencia a todos los valores de píxeles rojos (RGB) de una superficie.

6.3 La función pixels_green

```
pixels_green (Surface) -> array
```

Esta función crea una matriz que hace referencia a todos los valores de píxeles verdes (RGB) de una superficie.

6.4 La función pixels_blue

```
pixels_blue (Surface) -matriz >
```

Esta función crea una matriz que hace referencia a todos los valores de píxeles azules (RGB) de una superficie.

6.5 La función make_surface

```
make_surface(matriz) -> Surface
```

La función *make_surface* permite crear una superficie Pygame a partir de una tabla de píxeles tal y como se creó, por ejemplo, con la función *array2d*.

6.6 La función blit_array

```
blit_array(Surface, array) -> None
```

La función *blit_array* recibe como argumento una superficie Pygame y una tabla de píxeles, que permite mostrar la superficie directamente a partir de los datos de dicha tabla.

7. El módulo camera

Este módulo experimental permite la captura de vídeo. La captura de video se refiere a la capacidad de guardar cada imagen del desarrollo de una partida del juego, generar un video o incluso un flujo de video, por ejemplo, para hacer streaming. Por lo tanto, el juego actual se puede ver en tiempo real.

El módulo *camera* es experimental en el sentido de que no hay garantía de que este módulo sea compatible con futuras versiones de Pygame. Además, actualmente está restringido a entornos que utilizan API muy específicas de captura de vídeo (en particular Video4Linux).

Antes de detallar el contenido del módulo, aquí hay un ejemplo muy sencillo de una captura de video realizada en una ventana de juego (en la que no sucede nada especial). El propósito es generar un video llamado output.avi.

```
import pygame, sys, os
import pygame.camera


pygame.init()
pygame.camera.init()


PANTALLA = pygame.display.set_mode((400, 400))
```

```
cam = pygame.camera.Camera("/dev/video0", (400, 400))
cam.start()

NUM = 0
CAPTURA = False


while not CAPTURA:
 NUM = NUM + 1
 image = cam.get_image()
 screen.blit(image, (0,0))
 pygame.display.update()

 NOM_ARCHIVO = "FOTOS/%04d.png" % NUM
 pygame.image.save(image, NOM_ARCHIVO)

 for event in pygame.event.get():
   if event.type == pygame.QUIT:
     CAPTURA = True

os.system("avconv -r 8 -f image2 -i FOTOS/%04d.png -y -qscale 0 -s 640x480 -
aspect 4:3 output.avi")
```

7.1 La función list_cameras

```
list_cameras() -> [cameras]
```

La función *list_cameras* permite obtener la lista de dispositivos de software de la máquina capaces de realizar una captura de video. La función devuelve una tabla de cadenas de caracteres, donde cada cadena es el nombre del dispositivo que permite la captura. Este es el nombre que posteriormente se usa como argumento al crear instancias de un objeto *Camera*, que detallamos a continuación.

7.2 El objeto Camera

Una instancia de objeto *Camera* es relativa a un dispositivo de captura de vídeo determinado, presente en el equipo donde se ejecuta el programa.

7.2.1 Creación de instancias Camera

```
Camera(device, (width, height), format)
```

La función que permite crear instancias de un objeto *Camera* nuevo recibe como argumentos el nombre del dispositivo de captura de vídeo, el tamaño de la pantalla que se va a capturar y, opcionalmente, un formato.

Ejemplo

```
cam = pygame.camera.Camera("/dev/video0", (400, 400))
```

7.2.2 La función start

```
start() -> None
```

La función *start* permite iniciar la captura de video. El dispositivo hace copias de la ventana de juego y las coloca en un búfer en memoria RAM.

7.2.3 La función stop

```
stop() -> None
```

La función *stop* interrumpe la captura de vídeo.

7.2.4 La función get_image

```
get_image(Surface = None) -> Surface
```

La función *get_image* permite obtener la última imagen almacenada en el búfer de memoria, bajo la forma de una superficie Pygame.

7.2.5 La función get_raw

```
get_raw() -> string
```

Al igual que sucede con la función anterior, la función *get_raw* permite obtener la última imagen almacenada en el búfer de memoria. La diferencia es que aquí la imagen se devuelve como una cadena de caracteres.

7.2.6 La función query_image

```
query_image() -> bool
```

La función *query_image* se utiliza para comprobar si una imagen está disponible en el búfer. Si es así, la función devuelve *True*, de lo contrario *False*.

7.2.7 La función get_size

```
get_size() -> (width, height)
```

La función *get_size* permite obtener las dimensiones de captura, es decir, las dimensiones de las imágenes capturadas (anchura y altura).

7.2.8 La función get_controls

```
get_controls() -> (hflip = bool, vflip = bool, brightness)
```

La función *get_controls* permite obtener una cierta cantidad de información sobre el dispositivo de captura actual (simetría horizontal, simetría vertical y brillo).

7.2.9 La función set_controls

```
set_controls(hflip = bool, vflip = bool, brightness) -> (hflip = bool,
vflip = bool, brightness)
```

La función *set_controls* permite fijar valores booleanos asociados con varios argumentos, como son la simetría horizontal, simetría vertical y el brillo de la captura de video actual.

!

A

B

C

D

E

F

G

H

I

J

K

L

M

N

O

P

T

U

V

W